QUE S



# *La grammaire*

NELLY FLAUX

ISBN 2 13 045657 X

Dépôt légal — 1re édition : 1993, septembre


108, boulevard Saint-Germain, 75006 Paris

## Introduction

# LA GRAMMAIRE AUJOURD'HUI

Le mot **grammaire,** ou plutôt l'idée de grammaire, ne jouit pas aujourd'hui d'une très grande faveur. Attachée à l'enseignement et plus particulièrement à l'apprentissage des règles de la langue, qui se confondent souvent avec celles de la seule orthographe, la grammaire rappelle volontiers le souvenir d'exercices fastidieux et s'associe parfois à l'idée de faute, voire à celle de sanction. **Grammaire** est souvent synonyme de contrainte et d'ennui. Quant à l'activité du grammairien, elle est généralement perçue comme se réduisant à établir une ligne de démarcation entre ce qu'il faut dire et ce qu'il ne faut pas dire, et à mener des combats perdus d'avance pour maintenir des usages tombés en désuétude. Conservateur, étroit d'esprit, toujours dépassé, le grammairien se voit reconnaître une seule compétence qui lui vaille quelque admiration. « Vous faites de la grammaire, lui dit-on, alors vous devez savoir bien parler ! »

Que par **grammaire** on puisse entendre l'ensemble des règles sous-jacentes à une langue et que l'existence d'un tel ensemble de règles soit nécessaire pour qu'il y ait communication, c'est ce que peu de gens conçoivent. Même ceux qui le savent ne manifestent guère de curiosité pour découvrir les principes qui sont à l'œuvre dans le fonctionnement de leur langue. Certes, ce paradoxe n'est pas isolé : la plupart des amateurs de musique ignorent tout — ou presque — des principes de l'harmonie, mais le rapport d'un individu à sa langue n'est en rien comparable avec celui qu'il entretient avec les arts.

A l'origine de cette incuriosité, il y a, entre autres, le fait que le mouvement intellectuel de réflexion ne va pas de soi, s'agissant de la langue que l'on parle. Se retourner sur ses propres productions langagières ou sur celles d'autrui, s'intéresser aux principes qui les rendent possibles, quoi de moins spontané, lorsque ce qui compte c'est de comprendre et de se faire comprendre? La langue que l'on parle et que l'on entend est une évidence et à ce titre elle n'éveille guère la curiosité. La démarche réflexive à son propos est tout aussi peu naturelle que le contrôle de la respiration ou que le patinage en marche arrière. Il ne faut donc pas trop s'étonner de ce que de nombreux sujets, même « sensibilisés au problème », comme c'est le cas des étudiants en lettres, manifestent si peu d'enthousiasme quand on les invite à examiner la structure d'une phrase, la construction d'un mot, la pertinence d'un son.

La concurrente de la grammaire, la linguistique, si elle est encore plus méconnue, bénéficie d'une meilleure image de marque. Munie du statut de science et considérée depuis les années soixante-dix — moins par les linguistes eux-mêmes que par les chercheurs en sciences humaines — comme « science pilote », elle jouit d'une réputation de sérieux qui fait cruellement défaut à la grammaire et lui porte ombrage. Ne définit-on pas volontiers la linguistique, par opposition à la grammaire, comme « l'étude scientifique du langage »?

Par ailleurs, la grammaire a beaucoup pâti de l'évolution récente de la société. Depuis trente ans — c'est une banalité de le rappeler — de nombreux bouleversements sont intervenus, d'ordre politique, technologique, économique et idéologique. Cette évolution a eu pour la grammaire, entre autres conséquences, celle-ci : le bon usage a disparu des lieux où il était habituellement diffusé. Ce que le grand public entend comme parole autorisée n'est généralement pas conforme à la norme, même actualisée : impropriétés, incorrections de toutes sortes, incohérences, émaillent de manière quasi systématique les propos des gens qui occupent l'« espace » de la parole publique, journalistes, animateurs et même hommes politiques soucieux de se mettre au goût du jour. Au regard de la norme, ces productions langagières ont perdu toute valeur d'exemplarité. Et la presse écrite n'est pas en reste[1].

Dans ces conditions, comment s'étonner du discrédit dans lequel est tombée la grammaire ?

Indépendamment de ces raisons d'ordre conjoncturel, il y a un autre facteur qui explique la défaveur qui s'attache à cette discipline : c'est la plurivocité du terme qui la désigne. Le mot **grammaire** véhicule une série d'acceptions qui donnent souvent lieu à malentendus. Aussi s'agit-il de lever l'équivoque qui pèse sur ce terme et de préciser quel est le véritable objet de cette discipline. Tel est l'objectif du présent ouvrage.

On commencera (chap. I) par rappeler les différents sens du mot et par préciser ce qui distingue et ce qui

1. « Hommage du vice à la vertu » : l'orthographe, à quoi le grand public réduit souvent la grammaire, revient à la mode. Mais c'est bien d'un épiphénomène qu'il s'agit. Le battage médiatique fait autour des concours d'orthographe ne s'accompagne nullement d'un progrès dans le respect de règles de la langue ni d'ailleurs d'un débat réellement constructif sur la nécessaire réforme de l'orthographe. Quant au marché des livres de grammaire normative (« Ne dites pas... mais dites... »), il se porte plutôt bien, mais cela ne change rien aux mauvais traitements que subit la norme — et plus largement la langue — de la part de ceux qui sont censés la respecter (les médias ne sont pas seuls en cause).

rapproche **grammaire** et **linguistique.** Puis on présentera les unités avec lesquelles travaille le grammairien ainsi que les différents champs dans lesquels s'exerce son activité de description (chap. II). On s'attachera ensuite (chap. III) à définir l'objet de la grammaire en liaison avec l'activité du sujet parlant et à évoquer les principaux aspects méthodologiques de sa démarche; en guise d'illustration, on présentera pour finir quelques problèmes que soulève l'étude de la syntaxe du français.

La présente réflexion sur la grammaire fait une large part à une théorie linguistique, celle du linguiste américain N. Chomsky, connue sous le nom de « grammaire générative ». L'adoption d'un parti pris théorique est inévitable : seule une théorie fournit à la réflexion un principe organisateur permettant d'approcher les phénomènes avec une certaine cohérence. Avec le choix de la *grammaire générative,* le lecteur ne devrait pas se trouver trop dérouté; en effet, aussi surprenant que cela puisse paraître, cette théorie est l'une de celles qui s'écartent le moins de la tradition grammaticale (en dépit du rôle qu'elle accorde au formalisme, dont il sera peu question ici). Mais le lecteur est invité aussi à prendre connaissance des autres théories[1]. Il verra qu'au bout du compte, si les théories sont indispensables pour construire les faits et si elles conditionnent leur appréhension, un certain nombre d'entre elles au moins se rejoignent pour délimiter un ensemble de phénomènes à étudier qui articulent la forme et le sens.

1. Il pourra se reporter entre autres à C. Fuchs et P. Le Goffic, *Les linguistiques contemporaines. Repères théoriques,* Paris, Hachette, nouv. éd., 1992. Cet ouvrage n'est pas, lui non plus, exempt de « parti pris », ce qui, dans les limites de l'honnêteté intellectuelle, est la marque d'un véritable engagement.

Chapitre I

# QUE SIGNIFIE LE MOT « GRAMMAIRE » ?

Le malentendu qui pèse sur la grammaire vient d'abord du fait que le sens du mot dépend du point de vue selon lequel on envisage la langue. Pour le sujet parlant, qui voit dans la langue un simple outil de communication, le mot **grammaire** ne désigne pas la même chose que pour celui qui l'appréhende comme un objet à décrire. Cela ne signifie pas, naturellement, que le sujet parlant ne puisse par moments prendre du recul par rapport à la langue et adopter un point de vue distancé. Quant à celui qui s'installe dans la position du descripteur, il est lui-même un sujet parlant. Bref, les points de vue ne sont pas mutuellement exclusifs, mais la différence est fondamentale.

Autre source d'équivoque : la présence du mot **linguistique.** Ce mot concurrence **grammaire** sans toutefois le remplacer dans tous ses emplois : l'analyse du sens de ces deux termes renvoie directement à une explication de ce qui distingue les deux disciplines et à des précisions concernant la place qu'elles occupent dans le champ actuel des sciences humaines.

Enfin, tous ceux qui appréhendent la langue comme un objet à décrire n'attribuent pas le même contenu au mot **grammaire.** La définition dépend de la conception théorique d'ensemble et du cadre épistémologique à l'intérieur duquel se place l'approche descriptive.

On se propose dans ce chapitre de présenter les différentes acceptions du mot **grammaire** et de préciser ce qui distingue la grammaire de la linguistique.

## I. — Indications lexicographiques

Pour répondre à la question : « Que signifie le mot **grammaire** ? », il n'est pas inutile de se tourner d'abord vers les dictionnaires. Ceux-ci distinguent généralement deux grandes acceptions qui correspondent en gros à un emploi courant et plutôt ancien d'une part, et de l'autre à un emploi plus spécialisé et également plus moderne. Le lexicographe isole, de plus, un emploi « par métonymie », et un emploi « par analogie » qui méritent qu'on s'y arrête quelque peu.

1. **« L'art de parler ».** — Selon Arnauld et Lancelot, auteurs de la *Grammaire* dite *de Port-Royal* (1660), dont le rôle fut considérable dans le développement des théories grammaticales, la grammaire est « l'art de parler ». « Parler, précisent-ils, c'est expliquer ses pensées par des signes que les hommes ont inventés à ce dessein. » Et, ajoutent-ils, « on a trouvé que les plus commodes de ces signes étaient les sons et la voix. Mais parce que ces sons passent, on a inventé d'autres signes pour les rendre plus durables et visibles, qui sont les caractères de l'écriture, que les Grecs appellent γράμματα, d'où est venu le mot de Grammaire » (Repub. Paulet, Paris, 1969, p. 7). Cette définition se retrouve dans le *Dictionnaire de l'Académie* (1re éd. : 1694) au mot **grammaire** : « Art de parler et d'écrire correctement », formule que reprend sans changement la dernière édition de la *Grammaire de l'Académie* (1932). Parallèlement, le *Dictionnaire universel* de Furetière (1690) précisait : « Art qui enseigne à

bien décliner et conjuguer, à construire et à bien orthographier les noms et les verbes et les autres parties de l'oraison », i.e. les classes de mots. C'est cette même définition que reprend encore Littré (*Dictionnaire de la langue française,* 1863) : « Art d'exprimer ses pensées par la parole ou par l'écriture d'une manière conforme aux règles établies par le bon usage », et un siècle plus tard *Le Grand Robert* (*Dictionnaire alphabétique et analogique de la langue française,* désormais *GR*) : « Ensemble de règles à suivre pour parler et écrire correctement une langue. » Tel est, selon les auteurs de ce dictionnaire, le sens du mot **grammaire** « jusqu'au XIXe et de nos jours dans le langage courant ».

A) *Ambiguïtés.* — Toutefois, en dépit des apparences, ces définitions ne forment guère un ensemble homogène : « l'art de parler » n'est pas forcément l'art de bien parler. On notera que si Littré rattache explicitement la grammaire au bon usage, la définition du *GR* n'y fait aucune allusion. Quant à la formule du *Dictionnaire de l'Académie,* elle n'est pas dépourvue d'ambiguïté, tout comme celle de Furetière : *bien décliner, bien conjuguer* peut signifier seulement « respecter les règles de déclinaison, conjugaison, etc. », règles qui englobent et débordent celles qui caractérisent le bon usage. A moins que la notion même de bon usage ne soit équivoque : ou bien elle correspond à un sous-ensemble de règles caractérisant une certaine façon de parler, ou bien elle se confond avec l'ensemble des règles sous-jacentes à une langue. Bref, la définition de la **grammaire** comme *art de (bien) parler* peut s'interpréter de deux façons : « connaissance des règles de la langue » ou « connaissance des règles du bon usage ».

La formule de la *Grammaire de Port-Royal* recèle une autre ambiguïté : **grammaire** y désigne à la fois les principes ou règles qui permettent au sujet parlant de s'exprimer ; *l'art de parler,* c'est la capacité que nous avons de communiquer par des signes vocaux transcrits par l'écriture (dans certaines civilisations) ; mais c'est aussi (cf. le titre de l'ouvrage : *Grammaire générale et raisonnée*), l'étude de cette capacité ou — si l'on préfère — l'étude des principes qui la fondent, *i.e.* l'étude des règles qui sous-tendent le fonctionnement d'une langue. De plus, il convient de souligner que, comme Furetière, et comme probablement les auteurs de la première édition du *Dictionnaire de l'Académie,* Arnauld et Lancelot utilisent le mot **art** au sens de « technique » ou de « discipline » sans y associer aucune idée d'éloquence ou d'habileté rhétorique. La tradition lexicographique n'ayant pas toujours pris le soin de préciser en quel sens devait s'entendre le mot **art,** on comprend que le mot se trouve volontiers associé, dans l'esprit du grand public, non seulement à l'idée de bon usage, mais aussi à celle d'habileté, voire d'éloquence.

Considérée du point de vue de celui qui parle, la **grammaire** liée à la notion de bon usage vise un ensemble d'instructions à connaître et à mettre en pratique. Considérée du point de vue de celui qui met la langue à distance — appelons-le désormais le **grammairien** —, la **grammaire** désigne l'établissement des règles du bon usage. C'est ainsi que depuis le milieu du XVII^e^ siècle s'est développé un courant qu'on appelle *la grammaire d'usage,* qui se donne pour objet de préciser les règles qu'il faut respecter si l'on veut, non pas se faire comprendre, mais marquer son appartenance à la catégorie de ceux qui « savent bien parler ». Un nom est associé à ce courant, celui de Vaugelas qui, en 1647, fit paraître un ouvrage intitulé *Remarques sur la langue française utiles à ceux qui veulent bien parler et bien écrire.* Dans la préface, Vaugelas se défend de vouloir légiférer en matière d'usage. Il se présente comme un simple témoin qui enregistre des « arrêts » pris indépendamment de lui. « Mon dessein n'est pas de réformer notre langue, ni d'abolir des mots, ni d'en faire, mais seulement de montrer le bon usage de ceux qui sont faits, et s'il est douteux et inconnu de l'éclaircir et de le faire connaître » (Paris, Champ libre, 1981, p. 9). Quant au bon usage, Vaugelas le définit sans ambages en corrélation directe avec l'organisation sociale : « *C'est la façon de parler de la plus saine partie de la cour conformément à la façon d'écrire de la plus saine partie des auteurs du temps* » (p. 10)[1]. Pour illustrer cette conception normative de la grammaire, on peut citer quelques titres de *Remarques* particulièrement évocateurs, dont certains trahissent un glissement des règles du bon usage à celles du savoir-vivre ou plutôt de l'étiquette :

— En quels endroits il faut dire **on** et en quels endroits **l'on.**

— S'il faut dire **si c'était moi qui eusse fait cela** ou **si c'était moi qui eût fait cela.**

— Quand la diphtongue **oi** doit être prononcée, comme elle est écrite ou bien en **ai.**

— Règle nouvelle et infaillible pour savoir quand il faut répéter les articles ou les prépositions tant devant les noms que devant les verbes.

— De l'usage et de la situation de ces mots : **Monseigneur, Monsieur, Madame, Mademoiselle** et autres semblables, dans une lettre ou dans un discours.

— Si en écrivant on peut mêler **vous** avec **votre Majesté** ou **votre Eminence** ou **votre Altesse** et autres semblables.

Le courant de *grammaire d'usage* s'est développé tout au long des XVIII^e et XIX^e siècles. De nos jours, il est encore bien représenté, même si son influence a considérablement diminué. Innombrables sont les ouvrages qui relèvent de ce courant, lequel se distribue en un large éventail de tendances, du purisme étroit et crispé

1. En italiques dans le texte.

au libéralisme ouvert aux changements. En bref, on peut dire que la *grammaire d'usage* ou *normative* — ce qu'on entend souvent par *grammaire traditionnelle* — s'intéresse aux points de la langue qui font difficulté, soit que l'usage en soit mal assuré, soit que la raison de l'usage soit peu claire. D'où la publication de nombreux « dictionnaires de difficultés ». Mais la *grammaire d'usage* ne peut négliger l'étude des règles générales, si bien que la plupart des ouvrages qui se réclament plus ou moins ouvertement de ce courant proposent également une description des règles de fonctionnement de la langue. C'est notamment le cas du célèbre ouvrage de Grevisse, *Le bon usage* qui, en dépit de son titre, ne doit pas être considéré comme s'inscrivant dans la lignée directe de celui de Vaugelas. Grevisse vise autant et même davantage à décrire les règles de la langue française qu'à définir la bonne manière de parler. La consultation de l'ouvrage convainc rapidement le lecteur que l'auteur n'a rien d'un puriste étroit.

L'ambivalence du mot **grammaire** reflète donc l'existence, dès l'origine, de deux types d'intérêt pour la langue et — partant — de deux grands courants : la *grammaire d'usage* et la *grammaire* dite *raisonnée,* qui vise à mettre à jour de manière systématique les principes organisateurs des unités linguistiques. Il faut préciser tout de suite que l'étude de ces principes n'est pas envisagée par les initiateurs de ce dernier courant comme indépendante de celle des règles qui président au fonctionnement de la pensée. Ce n'est pas un hasard si les auteurs de la *Grammaire de Port-Royal* étaient aussi des philosophes et des logiciens.

B) *Associations.* — Sauf au cours de la période préclassique, où elle était liée à l'étude des lettres en général (cf. le *trivium* du Moyen Age qui réunissait la grammaire, la dialectique et la rhétorique), la notion de grammaire, comme le précise le *Trésor de la langue française (TLF),* « ... évoque l'exercice d'une langue et est associée à celle de normes caractérisant diverses manières de parler et d'écrire », du moins dans l'emploi du mot considéré comme le plus courant. Il faut insister sur le fait que la **grammaire** prise en ce sens désigne un ensemble de prescriptions qu'on peut, du point de vue de l'intercompréhension, qualifier de superflues : nul n'est besoin de passer par l'apprentissage systématique des règles du bon usage pour communiquer (ce qui ne veut pas dire que le fait de les maîtriser ou non soit sans effet sur la communication, ni que l'établissement de la ligne de partage entre les règles du bon usage et les autres aille de soi). D'où les associations négatives qui s'attachent à ce terme dans l'esprit de bon nombre d'usagers.

De ces connotations, les articles de dictionnaires offrent, à leur manière, un reflet assez fidèle. D'abord, par le choix des expressions ou des phrases dans lesquelles le mot **grammaire** est censé figurer le plus fréquemment : *faute, classe, leçon, règle de grammaire ; discuter un point de grammaire, apprendre, faire de la grammaire (TLF) ; la grammaire française est tissée de règles et d'exceptions (GR).* Ensuite par le choix des exemples empruntés à la littérature. En voici deux, qui sont particulièrement révélateurs :

« Grâce aux leçons de ton institutrice [...] tu sais assez de *grammaire* française pour être mis tout de suite au latin. Je suis bien reconnaissante à cette charmante demoiselle de t'avoir appris les règles des participes... » (A. France, *Petit Pierre,* cité par le *TLF*).

« Eh bien, mon cher, le seul tort que j'ai eu, ç'a été de donner à ma femme un professeur de français. Tant qu'elle a martyrisé le dictionnaire et supplicié la grammaire, je l'ai chérie » (Maupassant, *Contes et nouvelles,* cité par le *TLF*).

Et chacun connaît les deux passages des *Femmes savantes* que Littré rappelle au début de son article consacré au mot **grammaire** :

« Veux-tu toute ta vie offenser la *grammaire*?
— Qui parle d'offenser grand-mère ni grand-père? »

« Quoi! toujours malgré mes remontrances
Heurter le fondement de toutes les sciences,
La *grammaire* qui sait régenter jusqu'aux rois
Et les fait, la main haute, obéir à ses lois! » (II, 6).

Le mot **grammairien** donne lieu, lui aussi, à quelques associations responsables de connotations défavorables. On relève dans le *GR* : *purisme, querelle, distinction subtile, exemple de grammairien* (avec, toutefois, dans le *Grand Dictionnaire Larousse de la langue française* — désormais *GLLF* — cette citation de Hugo : « Dans tout grand écrivain il doit y avoir un grand *grammairien* »). Enfin, il ne faut pas oublier non plus que le mot **grammatica** a donné, à côté de **grammaire,** le doublet **grimoire** qui, à l'origine, désignait la grammaire latine, inintelligible pour le vulgaire, et qui signifie « écrit indéchiffrable ». (*Le Petit Robert* — en abrégé *PR* — n'hésite pas à rapprocher le mot de **hiéroglyphe**).

Ces résonances négatives qui s'attachent à l'emploi « vieux et courant » du mot **grammaire** lié à la *grammaire d'usage,* ont tendance à déborder sur une autre acception, moins connue du grand public, qui relève, elle, d'une approche différente, celle qui a été inaugurée par la *grammaire raisonnée.*

2. **La grammaire comme étude de la langue.** — Si la *grammaire raisonnée* s'intéresse à la langue de manière plus globale que la *grammaire d'usage,* cet intérêt est cependant sensiblement différent de celui que lui portent les grammairiens modernes. Héritière de la tradition latine, la *grammaire raisonnée* propose une des-

cription de la langue centrée sur les parties du discours (nom, verbe, pronom, adverbe, etc.). Par ailleurs, l'étude de la langue est placée d'emblée sous le patronage de la philosophie et de la logique. Il est significatif à cet égard que le chapitre 1 de la seconde partie — la plus importante — de la *Grammaire de Port-Royal* soit intitulé « Que la connaissance de ce qui se passe dans notre esprit est nécessaire pour comprendre les fondements de la Grammaire ; et que c'est de là que dépend la diversité des mots qui composent le discours ». Pour Arnauld et Lancelot en effet, c'est parce que les « objets de nos pensées » sont des choses (« substances ») ou des manières d'être (« accidents ») qu'existent les catégories du « nom substantif » **(terre, soleil, eau, bois)** et celle du « nom adjectif » **(rond, rouge, dur, savant)** et c'est parce que l'une des trois opérations fondamentales de notre esprit consiste à « juger », c'est-à-dire à « affirmer qu'une chose est telle ou n'est pas telle », que toute proposition est formée nécessairement de deux termes, « l'un appelé sujet qui est ce dont on affirme [...] et l'autre appelé attribut qui est ce qu'on affirme » (*op. cit.,* p. 23-24). Tirant les conséquences de cette conception qui subordonne l'étude des faits de langue à la connaissance du fonctionnement de l'esprit humain, le grammairien philosophe Beauzée, collaborateur de l'*Encyclopédie,* distingue deux grammaires : la *grammaire générale* proprement dite à laquelle il réserve l'appellation de *Science grammaticale,* « qui est la science raisonnée des principes immuables et généraux du Langage prononcé ou écrit dans quelque langue que ce soit », et les *grammaires particulières* qui ont pour objet d'appliquer à ces principes les « institutions arbitraires et usuelles d'une langue particulière ». Beauzée parle à leur propos d' « art » (*Grammaire générale ou exposition raisonnée des éléments nécessaires du langage, pour servir* *de fondement à l'étude de toutes les langues,* préface, p. X-XI. Nouvelle impression en fac-similé de l'édition de 1767, Stuttgart, F. Frommann Verlag, 1974). Dans une telle perspective, la langue n'est pas considérée comme un objet qui porte en lui les principes de sa propre rationalité, ceux-ci sont à chercher ailleurs, en l'occurrence dans les règles universelles qui gouvernent le fonctionnement de l'esprit humain.

Le mot **grammaire** change de sens quand change l'objet étudié par le grammairien ou son point de vue sur la langue. Avec le XIXe siècle apparaît l'intérêt pour les modifications qui affectent les langues au cours du temps et pour leurs liens de parenté. A côté de la *grammaire d'usage* ou *normative* et de la *grammaire raisonnée* se développent la *grammaire historique* et la *grammaire comparée.* Puis c'est le point de vue sur l'objet qui change. Selon Saussure (1857-1913), la langue est un système qu'il faut appréhender dans son fonctionnement à un moment donné du temps et qui trouve en lui-même son principe d'explication ; il n'y a pas lieu de le chercher ailleurs, en particulier dans la psychologie ou dans la logique. La grammaire devient *descriptive* et *synchronique.* Corrélativement, le rôle du grammairien change.

« Tout d'abord simple "greffier de l'usage", [le grammairien] est devenu un philosophe qui prétendait imposer une logique inflexible aux faits du langage, puis un historien qui suivait dans leur enchaînement les transformations d'un idiome, enfin une sorte de naturaliste qui observe et décrit dans son ensemble l'état d'une langue à une époque donnée, sans en négliger les origines ni les tendances, mais sans vouloir juger celles-ci ni se targuer de les modifier » (F. Gaiffe, Préface à la *Grammaire Larousse du XXe siècle,* cité par le *GR*).

A) *La langue, système de signes.* — Selon Saussure, la langue est un système de signes, *i.e.* un ensemble structuré d'unités corrélant forme (le *signifiant* ou *Sa*) et sens (le *signifié* ou *Sé*). Le lien qui unit *Sa* et *Sé* est arbitraire ; à preuve, les différences entre langues et l'évolution qu'elles connaissent[1]. Cet arbitraire fondamental fait des langues des entités portant en elles-mêmes le principe de leur organisation ; à ce titre, celles-ci exigent une approche spécifique, indépendante de toutes les autres sciences. (La langue doit être étudiée « en elle-même et pour elle-même »). L'arbitraire du signe fonde l'autonomie de la discipline qui étudie les langues. Ce qui ne veut pas dire que, sous certains de ses aspects, l'organisation de la langue — et son évolution — ne soit pas tributaire d'autres instances, et en particulier de l'organisation sociale.

Les signes linguistiques contractent entre eux deux types de rapports : les rapports *syntagmatiques,* qui naissent de la coprésence des unités dans la chaîne du discours ; ainsi les liens qui unissent **chant-** et **-ons** dans **chantons** sont de type syntagmatique ; de même ceux qui unissent **chantons** et **ce couplet** dans **chantons ce couplet.** Le deuxième type de rapport est appelé *associatif* par Saussure (on parlera plus tard de rapports *paradigmatiques*) : ces rapports naissent de l'appartenance d'une unité à une série d'unités concurrentes ; ainsi **chantons** entre en relation associative avec **fredonnons** ou avec **crions** puisque ces trois formes peuvent occuper la même place dans la chaîne, cf. **(fredonnons + chantons + crions) ce couplet.** Mais **chantons** entre aussi en relation associative avec **chantez** et également avec **nous chantons, vous chantez, ils chantent.**

Ces deux types de rapports sont responsables de la *valeur* de chaque signe, qu'il s'agit désormais de ne plus considérer isolément. Cette *valeur* est fondamentalement différentielle, puisque ce qui caractérise en

1. Le problème de l'arbitraire du signe a été souvent rediscuté par les linguistes, notamment par Benveniste (« La nature du signe linguistique », 1939, repris dans les *Problèmes de linguistique générale,* t. 1, Paris, Gallimard, 1966).

propre un élément, c'est d'être ce que les autres ne sont pas. « Dans la langue [...] ce qui distingue un signe, voilà tout ce qui le constitue. C'est la différence qui fait le caractère, comme elle fait la valeur et l'unité » (Saussure, *Cours de linguistique générale,* 1916, cité ici selon l'édition de 1969, Paris, Payot, p. 168).

Edifiée selon ces nouveaux principes, la **grammaire** se définit comme « l'étude objective et systématique des éléments (phonèmes, morphèmes, mots) et des procédés (de formation, de construction, d'expression) qui constituent et caractérisent le système d'une langue naturelle » *(TLF)*. Toutefois, bien que la *phonologie* (étude des unités sonores élémentaires considérées dans leur fonction distinctive, *i.e.* discriminant des unités douées de signification), la *lexicologie* (étude de la forme et du sens des mots, de leurs combinaisons et de leurs groupements « associatifs », ainsi que des effets de sens auxquels ils donnent lieu en emploi), et la *stylistique* (étude des procédés littéraires d'expression) fassent partie de plein droit de la grammaire, il est fréquent que le terme de **grammaire** soit employé pour désigner seulement l'étude de la forme et des fonctions, d'où l'acception « en particulier » ou « spécialement » signalée par les lexicographes : la grammaire vise « l'étude de la morphologie et de la syntaxe à l'exclusion de la phonologie, de la lexicologie et de la stylistique », lit-on dans le *TLF.* De même, dans le *GLLF* : « *Spécialement.* Partie de cette science qui étudie la morphologie et la syntaxe » (la *morphologie* étant l'étude de la formation des mots et de leurs variations formelles et la *syntaxe* celle des groupements des mots à l'intérieur des phrases).

Bien qu'elles ne reconnaissent pas la même unité comme privilégiée (mot *vs* signe), la grammaire traditionnelle (normative ou raisonnée) et la grammaire structuraliste d'inspiration saussurienne s'accordent pour dire que ce qui fait de la langue un objet à décrire, c'est qu'elle est constituée d'éléments ou unités (pour les premières, ces unités se définissent positivement et de manière isolée, pour les secondes négativement et en relation les unes avec les autres au sein d'un système). Ces unités sont envisagées par les structuralistes héritiers de la grammaire historique et comparée qui a découvert les « lois phonétiques », d'abord et surtout sous leur aspect formel. Dominés par le positivisme et soucieux de voir reconnaître leur discipline comme une véritable science, ceux-ci s'intéressent davantage au *Sa* qu'au *Sé* (cf. *infra*).

B) ***La grammaire,*** *ensemble de règles.* — A cette problématique de l'*élément* et du *système* qui domine le développement de la grammaire d'inspiration saussurienne, et plus largement structuraliste, pendant la première moitié du XX$^{e}$ siècle, s'oppose une autre problématique fondée, elle, sur le concept de *règle.* Selon N. Chomsky, la langue ne se définit pas tant comme un système d'éléments que comme un ensemble de phrases dont les principes de construction sont à dégager. La notion centrale n'est plus celle d'élément, ou d'unité, ni de système et de rapports, mais celle de règle. L'objet à décrire est non pas la langue mais la grammaire, conçue comme un ensemble fini de règles (phonologiques, morphologiques, syntaxiques et sémantiques) capables d' « engendrer » ou de « générer », c'est-à-dire de décrire de manière explicite et exhaustive la relation forme/sens pour chaque phrase de la langue. C'est pourquoi une telle grammaire reçoit le qualificatif de *générative* (l'adjectif *transformationnel* fait allusion à la nature d'un certain type de règles). Le mot **grammaire** prend donc une nouvelle acception, que les auteurs du *GR* présentent en ces termes : « Ensemble des structures et des règles qui permettent de produire tous les énoncés d'une langue et seulement ceux-ci. »

Une telle approche n'est pas cependant en rupture avec celle du structuralisme, du moins avec celle du structuralisme américain tel qu'il a été développé aux Etats-Unis sous l'influence du linguiste Z. Harris. La notion de *distribution* mise en avant par ce dernier permet de faire un lien, dans une certaine mesure, entre la problématique de l'élément/système et celle de la règle. En effet, Harris assigne comme but à la description d'une langue de caractériser les éléments par leur *distribution,* c'est-à-dire par la somme de tous les environnements dans lesquels ils peuvent apparaître. Or, dans la mesure où les environnements sont « typiques », *i.e.* correspondent à des classes de substitution, la caractérisation distributionnelle des éléments n'est rien d'autre que l'établissement des règles qui définissent les conditions d'emploi des éléments. La notion de règle perd le caractère normatif qu'elle avait dans la grammaire traditionnelle pour s'enrichir d'un contenu plus objectif, plus descriptif : la règle est l'expression d'une régularité observée.

La conception de la grammaire comme ensemble de règles explicites n'est pas l'apanage des seuls « générativistes ». Elle est partagée par de nombreux linguistes, qui l'expriment éventuellement sous une forme très différente de celle que proposent les tenants de la grammaire générative ; et elle peut se trouver rattachée à des théories par ailleurs fort éloignées de celle que défend N. Chomsky. Ainsi, A. Culioli (*Pour une théorie de l'énonciation,* Paris, Ophrys, 1990, p. 28) assigne pour tâche au grammairien de rechercher quelles sont les opérations qui permettent de rendre compte de l'ambiguïté, de la paraphrase, et des contrastes d'acceptabilité entre phrases. Qu'on les appelle *règles* ou *opérations,* peu importe. Il s'agit bien de mettre à jour les principes sous-jacents au fonctionnement d'une langue. Chez les structuralistes eux-mêmes, une telle conception de la grammaire n'a pas été ignorée. C'est ainsi que Tesnière (1893-1954), réagissant contre la toute-puissance de la morphologie héritée de la grammaire comparée, a élaboré une « syntaxe structurale » qui vise à saisir l'ensemble des « connexions », *i.e.* des rapports de dépendance qui unissent les différents mots dans les phrases. Quant à Guillaume (1883-1960), s'il n'a pas cessé, à la suite de Saussure et de Meillet (1866-1936), de mettre la notion de système au centre de sa réflexion, c'est que pour lui ce terme ne désigne pas autre chose que l'ensemble des « mécanismes créateurs » qui rendent raison des faits linguistiques. « Démontrer, prouver que la langue est un système, déceler sous le désordre apparent des faits linguistiques, sous leur contradiction sensible l'ordre secret qui en est la trame », tel est l'objectif qu'il a toujours poursuivi (« La langue est-elle ou n'est-elle pas un système ? », 1952, in *Langage et science du langage,* Paris, Nizet, 1973, p. 221).

Dans ces conditions, on comprend mieux pourquoi, dans la définition du mot **grammaire** relevée ci-dessus dans le *GR,* figurent à la fois les mots **règle** et **structure.**

3. **Acceptions et mots dérivés**[1]. — Deux autres acceptions du mot **grammaire** sont encore mentionnées par les lexicographes, obtenues, celles-là, par dérivation sémantique.

A) *Autres sens du mot* ***grammaire.*** — Dès le XVII$^{e}$ siècle, le mot **grammaire** a été employé pour désigner un livre, un traité, un manuel (de grammaire). Les dictionnaires du XVII$^{e}$ siècle signalent cet emploi, par exemple le *Furetière* : « On appelle une grammaire un livre qui contient les règles de la grammaire de chaque langue. » Cette extension de sens est habituellement rapportée à la *métonymie,* terme de rhétorique qui

1. Le mot **dérivé** est pris ici au sens large, non au sens technique qu'il a en morphologie dérivationnelle, cf. *infra,* chap. II.

désigne une figure de style consistant à employer un mot pour un autre lorsque entre les notions correspondantes existe un « rapport constant » (Darmesteter, *La vie des mots,* 1887, rééd., Paris, Champ libre, 1979, p. 39) ; mais la métonymie peut fonctionner aussi comme un opérateur sémantique permettant la construction de nouvelles acceptions : c'est ainsi que le mot **grammaire** a pu prendre le sens de « livre de grammaire » parce qu'il existe un « rapport constant » de type contenu à contenant entre la discipline qu'est la grammaire et l'objet livre qui la contient. Les expressions citées par les lexicographes pour illustrer l'emploi du mot **grammaire** pris en ce sens sont à nouveau révélatrices des connotations qui s'attachent à ce terme : *grammaire scolaire, grammaire complète, leçons, exercices, tableaux de conjugaisons d'une grammaire, grammaire qui condamne les tournures erronées,* lit-on dans le *GR*[1]. Pour l'usage courant, *un livre de grammaire* est un « ouvrage didactique qui décrit les éléments, les procédés d'une langue et qui formule les règles d'un usage correct de celle-ci » selon le *TLF,* qui cite, en guise d'exemple, ce passage d'A. France : « Je tiens

1. Les auteurs de ce dictionnaire jugent bon de citer un certain nombre d'ouvrages célèbres dans le titre desquels figure le mot **grammaire,** et qui pour la plupart ne relèvent pas de la didactique. La liste du *GR* peut être considérée comme représentative d'une certaine idée de l'héritage culturel en matière de grammaire (« *Grammaires françaises. Grammaire générale et raisonnée,* de Port-Royal (1660) ; *La Grammaire,* de Condillac (1755) ; *Grammaire des grammaires,* de Girault-Duvivier (1811) ; *Grammaire historique de la langue française,* de Brunot (1886) ; *Grammaire historique de la langue française,* de Nyrop (1908-1930) ; *Grammaire des langues romanes,* de Diez (1836-1844) ; de Meyer-Lübke (1890-1900) ; *Essai de grammaire de la langue française,* de Damourette et Pichon (1938) ; *Observations sur la grammaire de l'Académie,* de Brunot (1932) »). Débutant par la *Grammaire de Port-Royal* , dont il y a en effet tout lieu de penser qu'elle inaugure la réflexion grammaticale en France (cf. M. Dominicy, *La naissance de la grammaire moderne,* Bruxelles, Mardaga, 1984), cette liste se termine avec la mention de l'ouvrage dans lequel Brunot critique sévèrement la dernière édition de la *Grammaire de l'Académie.*

pour un malheur public qu'il y ait des *grammaires* françaises. Apprendre dans un livre aux écoliers leur langue natale est quelque chose de monstrueux... » *(Pierre Nozière)*.

C'est au XIXe siècle qu'apparaît une autre acception du mot **grammaire,** construite, elle, par *analogie.* Stendhal aurait le premier employé l'expression **grammaire musicale** dans son livre sur Rossini (1823).

L'*analogie* n'est pas une figure de style mais un rapport de ressemblance entre objets que l'esprit découvre ou imagine; on parle aussi de *raisonnement par analogie,* lorsqu'un tel rapport est invoqué pour valider une proposition. Ce terme est employé en grammaire pour désigner une ressemblance entre unités. Mais on parle aussi d'*analogie* pour désigner un processus qui régularise les formes troublées par l'évolution phonétique : ainsi **il preuve** est devenu **il prouve** en dépit des lois phonétiques. Les lexicologues hésitent à utiliser ce terme déjà polyvalent (de plus, il était lié, dans l'Antiquité, à la discussion sur l'arbitraire) pour décrire l'apparition de nouvelles acceptions. Ils préfèrent souvent parler d'*extension,* comme Darmesteter (1846-1888) par exemple, qui voit dans l'*extension* un prolongement de la *synecdoque* (partie pour le tout). Dans le cas présent, le processus est simple à décrire : le mot **grammaire** signifiant « ensemble des règles d'une langue », on a étendu l'emploi du mot à n'importe quelle entité dont le fonctionnement ou la mise en pratique repose sur un ensemble de règles; *par analogie,* **grammaire** signifie « ensemble des principes et des règles qui président à l'exercice d'un art » *(TLF).* Le mot **grammaire** est utilisé pour la peinture (le *TLF* et le *GR* citent le même exemple de R. Huyghe : « Les couleurs, le peintre le sait bien, obéissent à une *grammaire* : elles s'appellent ou se repoussent; leur équilibre exige que les dominantes ne restent pas isolées et trouvent des rappels »), au cinéma (le *TLF* cite un exemple d'Abel Gance datant de 1926), dans le domaine de l'architecture et de la décoration, à propos du jeu d'échecs ou de la Bourse (cf. *infra* les exemples de Saussure), etc. Ajoutons que le philosophe autrichien Wittgenstein (1889-1951) a largement contribué à la banalisation de cet emploi *analogique.*

Avant de refermer les dictionnaires, il vaut la peine de jeter un coup d'œil sur les mots liés morphologiquement à **grammaire.**

B) *La famille du mot* ***grammaire.*** — On peut distinguer d'abord un ensemble de mots anciens ou isolés, parmi lesquels : **grammate** (« scribe », « greffier »), **grammatiste** (dans l'Antiquité grecque « celui qui apprenait à lire et à écrire aux jeunes enfants » ; se disait encore au XIXe siècle, selon Littré, « ordinairement, par dénigrement, de celui qui enseigne, qui fait profession d'enseigner la grammaire et qui ne voit rien d'autre que les règles matérielles ») ; **grammairerie** (« endroit où l'on fait de la grammaire »[1] ; **grammatique** *(= grammatical)* et **grammatiquement** *(= grammaticalement),* **agrammatisme** (« forme d'aphasie, trouble de l'agencement syntactique des mots »)[2], **grammatologie** (d'après Littré, « traité des lettres, de l'alphabet, de la syllabation, de la lecture et de l'écriture »[3] et **grammatiser** (« faire de la grammaire » ou « rendre grammatical »)[4].

Le dérivé le plus direct de **grammaire** est le substantif-adjectif **grammairien.** Le contenu de ce mot a connu les fluctuations de sens du terme **grammaire** lui-même, puisqu'un **grammairien** est défini comme « celui qui s'adonne à la grammaire ». D'où les connotations déjà signalées. Au XVIIIe siècle, Du Marsais s'efforçait de distinguer le sens de **grammairien** de celui de **grammatiste** alors plus répandu qu'aujourd'hui. La définition

1. Selon le *TLF,* qui cite à l'appui un seul exemple de Sainte-Beuve. Il s'agit vraisemblablement d'un hapax (= occurrence unique).

2. Ces deux mots n'apparaissent que dans le *TLF,* illustrés chacun d'un seul exemple emprunté à Jankélévitch. Encore des hapax, probablement.

3. L'analyse *grammatologique,* est-il précisé, « consiste à faire connaître les lettres, les syllabes, les signes orthographiques ». Le terme, aujourd'hui tombé en désuétude, a donné son titre à un ouvrage du philosophe J. Derrida, comme le rappelle le *GR.* Mais le lexicographe ne précise pas si le fondateur de la « science générale de l'écriture dans ses implications philosophiques et sémiologiques » a fait école et si l'emploi de *grammatologie* s'est généralisé avec cette acception.

4. Ce verbe ne semble pas avoir fait fortune. Pris dans la seconde acception, il a laissé la place à *grammaticaliser,* cf. *infra.*

qu'il propose apporte un éclairage intéressant sur l'histoire du mot **grammaire** :

Après avoir rappelé que selon Quintilien un *grammairien* doit être « philosophe, orateur, avoir une vaste connaissance de l'histoire, être excellent critique et interprète judicieux des anciens auteurs et des poètes » et même ne doit pas ignorer la musique, Du Marsais ajoute : « Tout cela suppose un discernement juste et un esprit philosophique, éclairé par une saine logique et une métaphysique solide. » D'où l'opposition entre *grammatiste* et *grammairien* : « Ceux qui n'avoient pas ces connoissances et qui étoient bornés à montrer, par état, la pratique des premiers élémens des lettres étoient appelés *grammatistes.* Aujourd'hui on dit d'un homme de lettres qu'*il est bon grammairien,* lorsqu'il s'est appliqué aux connoissances qui regardent l'art de parler et d'écrire correctement. » Et Du Marsais de préciser : « Mais s'il ne connoît pas que la parole n'est que le signe de la pensée; que par conséquent l'art de parler suppose l'art de penser; en un mot, s'il n'a pas cet esprit philosophique qui est l'instrument universel, et sans lequel aucun ouvrage ne peut être conduit à la perfection, il est à peine *grammatiste* » (Mélanges tirés de l'*Encyclopédie,* in *Les véritables principes de la grammaire,* Paris, Fayard, 1987, p. 633-634).

Si le mot **grammatiste** est tombé en désuétude, les grammatistes, eux, n'ont pas disparu; de là l'équivoque dont souffre le mot **grammaire.**

Dernier groupe de mots apparentés au mot **grammaire,** ceux qui sont dérivés de l'adjectif **grammatical (emprunté au latin grammaticalis)** : **grammaticalement** (XVI^e^ siècle), **grammaticalisé** (antérieur, selon le *GR,* à **grammaticaliser**), **grammaticalisation** (milieu du XX^e^ siècle), **grammaticalité,** auquel il faut ajouter **agrammatical** et **agrammaticalité.**

Précisons d'abord le sens de **grammaticaliser** : « conférer à un mot un statut de morphème »; ainsi, comme le rappelle le *GR,* le nom latin **mens, mentis** s'est *grammaticalisé* en français pour donner le suffixe adverbial **-ment.** P. Guiraud (cité par le *TLF*) rappelait de son côté que les fonctions se sont *grammaticalisées* dans les langues à cas, alors qu'elles sont marquées par l'ordre des mots dans les langues non casuelles. La *grammaticalisation* est donc le processus par lequel un mot acquiert le statut de mot grammatical ou de morphème : ainsi **point** et **pas** ont subi une *grammaticalisation* lorsqu'ils sont devenus membres des locutions négatives **ne... point** et **ne... pas.** Quant à l'adjectif **grammatical,** il exprime une relation (« relatif à la grammaire ») ou indique une qualité (« conforme aux règles de la grammaire ») selon le nom auquel il se rapporte. C'est dans ce deuxième sens qu'avec le développement de la linguistique chomskyenne, qui assigne pour but à la grammaire de formuler les règles engendrant toutes et rien que les phrases *grammaticales* d'une langue, la définition de ce terme (sur lequel a été construit le substantif **grammaticalité**) est devenu l'enjeu d'un débat théorique sur lequel nous reviendrons plus loin.

Il ne faut pas attendre d'une enquête lexicographique une description exhaustive et parfaitement objective de l'histoire et des emplois d'un mot. Il n'existe pas un dictionnaire mais plusieurs : on a pu voir au cours de cette brève enquête se faire jour certaines différences. Le lexicographe tient sur la langue un discours construit, tributaire de ses engagements théoriques et idéologiques : ce n'est pas une reproduction de la langue réelle[1]. L'image, ou plutôt les images qu'on a tenté de cerner, ne correspondent pas parfaitement à la réalité extrêmement complexe et changeante

1. Comme l'écrivent J. Dubois et F. Dubois-Charlier : « ... les dictionnaires ne sont pas une description d'un français idéal [...] ils correspondent seulement à l'idée que le lexicographe se fait de la langue et ils dépendent de l'avancement des sciences, et en particulier de la linguistique elle-même. Chacun d'entre eux est une tentative particulière de décrire un objet, ils ne peuvent être confondus abusivement avec cet objet : c'est pourtant cette confusion qui est à la base de leur caractère mythifiant et mystifiant » (« Incomparabilité des dictionnaires », in *Langue française,* Paris, Larousse, n° 87, 1990, p. 10).

de l'usage du mot **grammaire.** Toutefois, cette enquête a permis de mettre en évidence l'ambivalence du mot **grammaire** ou plutôt sa plurivocité, de saisir certains aspects de son évolution, de mieux comprendre les connotations négatives qui lui sont attachées, de mesurer aussi l'importance de sa position dans le champ qu'il occupe concurremment avec le mot **linguistique** (le premier est sémantiquement et morphologiquement beaucoup plus riche que le second). Bref, de préparer à la comparaison entre *grammaire* et *linguistique.*

## II. — Grammaire et linguistique

De l'aveu même des lexicographes, les deux termes sont inextricablement liés. C'est ainsi que l'auteur de la rubrique consacrée à la grammaire dans le *GLLF,* ayant placé son développement sous l'intitulé *Grammaire et linguistique,* précise que ce choix « ... reflète l'interpénétration des disciplines dont chacune, selon les écoles, est susceptible d'intégrer l'autre. Ce flottement terminologique, ajoute-t-il, est aussi la raison pour laquelle l'histoire de la grammaire sera faite [dans le dictionnaire] à l'article spécial "Linguistique" ». Qu'il s'agisse des dictionnaires ou des ouvrages retraçant l'histoire de la discipline, c'est constamment que s'observe le choix mouvant des termes **grammaire** et **linguistique.** Et pourtant les deux mots ne sont pas de simples synonymes[1].

1. Innombrables sont les ouvrages consacrés à l'histoire de la grammaire ou de la linguistique. On pourra se reporter entre autres aux livres de B. Malmberg, notamment à son *Histoire de la linguistique. De Sumer à Saussure,* Paris, PUF, 1991, et aux ouvrages plus anciens de R. H. Robins, *Brève histoire de la linguistique de Platon à Chomsky,* 1967, trad. franç., Paris, Le Seuil, 1976, et de G. Mounin, *Histoire de la linguistique,* Paris, PUF, 1967. Signalons aussi le livre de J. Kristeva, *Le langage, cet inconnu,* Paris, Le Seuil, 1981, et celui de H. Huot, *La grammaire française entre comparatisme et structuralisme, 1870-1960,* Paris, A. Colin, 1991, qui rassemble une série d'études sur des grammairiens français un peu oubliés.

1. **Un mot récent.** — Le terme de **linguistique** est d'un emploi tardif en français. Les lexicographes datent son apparition de 1826. Présenté comme un dérivé de **linguiste** (attesté au début du XVII^e^ siècle et repris seulement à partir de 1823), il aurait été introduit en français via l'allemand **Linguistik**[1]. L'apparition de ce mot dans notre langue suit avec quelque retard la naissance d'une nouvelle discipline qui, par son objet comme par ses principes, s'oppose pour une large part à la grammaire générale et à la grammaire d'usage.

A) *Naissance de la linguistique.* — On admet généralement que la linguistique est née à la suite de la découverte du sanscrit. C'est à la fin du XVIII^e^ siècle que les savants européens commencent à s'intéresser à cette langue dans laquelle furent écrits les textes sacrés de l'Inde ancienne, grâce aux travaux de F. von Schlegel (1772-1829), et découvrent que le sanscrit présente des ressemblances frappantes avec le latin, le grec et les langues modernes apparentées. L'idéologie romantique tournée vers le passé et l'origine des peuples favorise cet intérêt pour l'histoire des langues, leur filiation, leur parenté originelle. Avec les travaux des Danois Rask (1787-1832) et Verner (1846-1896), des Allemands Bopp (1791-1867) et J. Grimm (1785-1863), se met en place la méthode comparative permettant la mise en évidence de correspondances phonétiques régulières entre des mots de même signification (par exemple, au **p** latin **pater** correspond le **f** du nordique **fadir**).

1. « Le terme de *linguistique* naquit au XVIII^e^ siècle en Allemagne, pour opposer à la grammaire philosophique une étude comparée d'un grand nombre de langues visant à établir une filiation, seule voie nouvelle paraissant ouverte alors à une science si lourde de passé. Les Français adoptèrent le terme au siècle suivant pendant que les Allemands l'abandonnaient », lit-on dans le *GLLF* (rubrique « Grammaire et Linguistique »).

L'étude systématique des langues romanes (latin et langues dérivées : français, espagnol, italien, catalan, portugais, roumain, etc.) — ce qu'on appelle la *philologie romane* — avec les Allemands Diez (1794-1876) et Meyer-Lübke, contribue à affermir les méthodes de la linguistique comparée. Celles-ci sont bientôt étendues à l'ensemble des langues indo-européennes. Parallèlement se développe une nouvelle école de linguistes comparatistes, celle des « néo-grammairiens » *(Junggrammatiker)*, dont les représentants les plus éminents sont les Allemands Brugmann (1849-1919), Leskien (1840-1916), Osthoff (1847-1909) et Paul (1848-1921). Influencés par les théories déterministes en vogue, et notamment par le darwinisme, soucieux de rapprocher leur discipline des sciences naturelles et de lui donner un statut scientifique conforme à l'idée dominante du temps, ces grammairiens tentent de montrer le caractère absolu des lois phonétiques et débarrassent la recherche étymologique de ses aspects hasardeux et subjectifs. Pour eux, la seule approche scientifique du langage est, comme dira Saussure, cf. *infra, diachronique.* Toute explication est historique.

Encore aujourd'hui, les deux termes de **grammaire** et de **linguistique** sont en concurrence pour désigner l'étude comparée et historique des langues. Le mot **linguistique** n'a eu le succès qu'on lui connaît et ne l'a emporté — du moins en France (cf. ci-dessus p. 28, n. 1) — qu'avec le développement d'une autre conception de l'étude des faits de langue. Cette conception a été d'abord développée par un linguiste français, Bréal (1832-1915), lui-même comparatiste, mais qui réagit contre les excès des néogrammairiens (il contestait la pertinence du concept de loi). Ce maître de Saussure proposait par ailleurs d'étendre l'étude des faits de langue à l'évolution du sens des mots. C'est à lui qu'on doit la création d'une nouvelle sous-discipline de la linguistique, qui plus tard prit également une orientation non historique : *la sémantique.*

B) *Deux principes de la linguistique descriptive.* — La *linguistique descriptive* est habituellement rattachée au nom de Saussure, ce qui suppose que seul est pris en considération le développement de la réflexion grammaticale en Europe occidentale. Or on ne saurait oublier que la *linguistique descriptive* a vu également le jour dans les premières années du XX^e^ siècle de l'autre côté de l'Atlantique : la première version du *Langage* de Bloomfield (1887-1949), l'un des principaux chefs de file du structuralisme américain, ayant pour titre *Introduction to the Study of Language,* date de 1914. L'ouvrage intitulé lui aussi *Le langage,* du linguiste et anthropologue Sapir (1884-1939), qui est considéré par certains comme l'inventeur de la phonologie, a été publié dès 1921.

Les principes théoriques et méthodologiques mis en avant par les tenants de la linguistique descriptive européenne et américaine présentent un certain nombre de points communs, ce qui s'explique en partie par l'influence exercée par le comparatiste et sanscritiste Whitney (1827-1894), qui enseigna à Yale et fut bien connu de Saussure. Whitney fut le premier à soutenir l'idée que la langue est une institution sociale et qu'il est nécessaire de l'étudier sous son aspect statique, en tant que système. Deux des principes que Saussure a énoncés avec une clarté particulière et une originalité d'autant plus remarquable qu'il était lui-même un comparatiste de renom (il publia un célèbre mémoire sur les voyelles de l'indo-européen) méritent d'être brièvement évoqués. Ils ont en effet influencé de manière décisive le développement ultérieur des études grammaticales. Plus aucun grammairien ne les ignore et la plupart s'en réclament explicitement.

— *Langue/parole :* C'est, selon Saussure, « la première bifurcation que l'on rencontre dès qu'on cherche à faire la théorie du langage. Il faut choisir, ajoute-t-il, entre deux routes qu'il est impossible de prendre en même temps ; elles doivent être prises séparément »

(*Cours,* p. 38). La première conduit à l'étude d'une réalité « qui est sociale dans son essence et indépendante de l'individu » : la *langue.* La seconde, qui se rapporte à la « partie individuelle du langage », est la *parole.* Certes, les deux objets se présupposent l'un l'autre, mais la première est principale. « On peut comparer la langue à une symphonie, dont la réalité est indépendante de la manière dont on l'exécute; les fautes que peuvent commettre les musiciens qui la jouent ne compromettent nullement cette réalité » (*Cours,* p. 36).

On peut s'étonner du choix du mot *parole* pour désigner le complémentaire de la *langue*; l'écrit serait-il donc exclu? Non, mais pour Saussure, il importe de remettre l'écrit à sa place par rapport à l'oral. L'écrit utilise un système de signes distinct de celui de l'expression orale, rappelle-t-il, et « l'unique raison d'être » de l'écriture est de représenter cette dernière.

Et Saussure de dénoncer la croyance selon laquelle « un idiome s'altère plus rapidement quand l'écriture n'existe pas » et de souligner la confusion trop souvent faite entre langue et orthographe. Quant au prestige de l'écriture, il s'explique, selon lui, par l'idée de permanence que nous attachons à l'image graphique des mots, par la supériorité des impressions visuelles sur les impressions auditives, par la littérature et par l'orthographe (*op. cit.,* p. 47).

Comme le rappelle Bloomfield de son côté, « l'écriture n'est pas la langue, mais un simple moyen d'enregistrer la langue au moyen de signes visibles »; et le linguiste américain précise : « Dans certains pays comme la Chine, l'Egypte ou la Mésopotamie, il y a des milliers d'années que l'écriture [est] utilisée; mais pour la plupart des langues qui sont parlées aujourd'hui elle [n'est] employée que depuis des temps récents — ou pas du tout... » (*Le langage,* 1933, trad. franç., Paris, Payot, 1970, p. 25). La critique des

« dérives » littéraires, philologiques et normatives de la grammaire à laquelle se livre Bloomfield n'est pas moins virulente que celle de Saussure. C'est que pour les linguistes américains, à qui l'on demandait depuis près d'un siècle d'étudier les langues amérindiennes (cf. le programme du président Jefferson de 1801-1809), la primauté de l'oral va aussi de soi.

— *Diachronie/synchronie :* Selon Saussure, « ... l'intervention du facteur temps est propre à créer à la linguistique des difficultés particulières et [...] place cette science devant deux routes absolument divergentes » (*Cours,* p. 114). La nature systématique de la langue (« La langue est un système de pures valeurs que rien ne détermine en dehors de l'état momentané de ses termes ») interdit « d'étudier simultanément les rapports dans le temps et les rapports dans le système ». Aussi convient-il de distinguer clairement « ces deux ordres de phénomènes relatifs au même objet », en utilisant l'expression *linguistique diachronique* pour les faits d'évolution et *linguistique synchronique* pour l'étude des états (*op. cit.,* p. 116-117). Non seulement les deux linguistiques doivent soigneusement délimiter leur domaine, et ne pas empiéter l'une sur l'autre, mais elles doivent même, d'une certaine façon, s'ignorer ; et, notamment, la *linguistique synchronique* doit faire abstraction des connaissances produites par la *linguistique diachronique.*

Pour Saussure, seule la linguistique synchronique peut saisir la langue comme *système.*

Ces deux dichotomies ont eu des conséquences importantes pour le développement de la linguistique.

L'opposition *diachronie/synchronie* a conduit les linguistes, y compris ceux qui s'intéressent à l'histoire et à la parenté des langues, à distinguer désormais clairement entre évolution et état. C'est ainsi que les langues anciennes, objet privilégié de la grammaire comparée et de la linguistique historique « traditionnelles », *i.e.* pré-saussuriennes, ont donné lieu à des études synchroniques correspondant à différents états (langue française du XVIe, du XVIIe, du XVIIIe siècle par exemple). L'émergence de la linguistique synchronique n'a nullement entravé le développement de la linguistique historique et de la grammaire comparée, comme l'attestent les travaux de Meillet (1866-1936), élève de Saussure, et de Benveniste (1902-1976) entre autres. Ces disciplines ont au contraire pris un nouveau départ. Elles sont à l'heure actuelle très vivantes[1] et occupent une place non négligeable dans l'institution universitaire (Collège de France, CNRS, EHESS, Université).

L'opposition irréductible que Saussure a établie entre diachronie et synchronie soulève à nouveau de manière cruciale la question du changement. Comment les langues évoluent-elles ? S'il est vrai que le changement doit se penser comme la transformation d'un système en un autre, qu'est-ce qui déclenche cette transformation ? Selon Saussure, c'est la parole qui est à l'origine du changement. Mais qu'est-ce qui pousse les individus à modifier leur manière de prononcer les sons, d'utiliser les mots ? Cette question, qui a d'une certaine façon remplacé celle de l'origine du langage chère aux grammairiens-philosophes du XVIIIe, a reçu plusieurs réponses, souvent contradictoires, et le débat est loin d'être tranché[2].

Par ailleurs, s'il est vrai que le sujet parlant ignore généralement tout de l'histoire de sa langue, le linguiste ne saurait décrire celle-ci sans tenir aucun compte des faits d'évolution. Les exemples sont innombrables qui montrent que la description d'un état de langue ne peut totalement faire abstraction du passé. Ainsi, on ne peut pas comprendre l'ordre des mots en français (cf. chap. 3) si on ne tient pas compte de l'existence des cas en ancien français. Les auteurs de la *Grammaire de Port-Royal* avaient déjà signalé, à propos de la construction des relatives, que certaines exceptions sont à mettre au compte de résidus d'un état de langue antérieur.

1. Voir le livre de C. Hagège, *La structure des langues,* Paris, PUF, « Que sais-je ? », 1982, 1990.

2. Sur ce point on pourra se reporter au livre de B. Malmberg déjà cité et à son autre ouvrage intitulé *L'analyse du langage au XXe siècle,* Paris, PUF, 1983.

L'opposition *langue/parole,* à laquelle certains préfèrent le couple *langue/discours*[1], a peut-être eu moins d'importance qu'on ne l'a dit. Les grammairiens et les linguistes pré-saussuriens, même s'ils n'en avaient pas théorisé les implications, n'ignoraient pas la nécessité de distinguer le schéma abstrait qu'est la langue, de l'infinie diversité des réalisations particulières. Plus important a été sans doute l'accent mis sur la nature sociale de la langue et sur la nécessité corrélative de renoncer à rapprocher prématurément, comme le souhaitaient les comparatistes, la linguistique des sciences de la nature.

L'affirmation de la primauté de l'oral sur l'écrit y compris du point de vue de la linguistique synchronique eut, elle aussi, des conséquences importantes : elle a libéré la grammaire de l'emprise de la littérature et a clarifié ses rapports avec la *philologie* qui est l'étude critique des textes anciens.

Depuis son apparition dans notre langue, au début du XIXe siècle jusqu'à la fin de ce même siècle, le terme de **linguistique** désignait — rappelons-le — l'étude historique et comparative des langues. C'est avec Bréal et Saussure qu'il prit le sens nouveau de « description d'un état de langue considéré comme un système ». En France, comme en Allemagne un siècle plus tôt, le mot avait donc une fonction polémique ; son emploi dénotait la prétention d'une discipline nouvelle à s'affirmer dans le champ scientifique à côté de disciplines déjà installées et hégémoniques. Tant que l'existence de cette nouvelle discipline n'a pas été assurée, et dans les premiers temps de sa reconnaissance, ses adeptes ont préféré le terme de **linguistique** à celui de **grammaire.** Le premier bénéficiant de connotations positives (nouveauté, audace, rigueur...), il revenait au second de

1. Par exemple, Guillaume, cf. *infra.*

fonctionner comme terme repoussoir. La situation a changé lorsque la légitimité scientifique de cette nouvelle approche des faits de langue n'a plus été mise en doute. Il faut savoir que le mot **grammaire** a toujours été employé, y compris par Saussure. On peut lire dans le *Cours* : « La linguistique statique ou description d'un état de langue peut être appelé *grammaire,* dans le sens très précis, et d'ailleurs usuel, qu'on trouve dans les expressions "grammaire du jeu d'échecs", "grammaire de la Bourse", etc., où il s'agit bien d'un objet complexe et systématique mettant en jeu des valeurs coexistantes » (p. 185)[1].

Actuellement, l'étude synchronique des états de langue étant bien établie comme discipline autonome, l'emploi du mot **linguistique** de préférence à celui de **grammaire** n'est plus lié, pour beaucoup de linguistes qui s'intéressent méthodiquement aux faits de langue, à un véritable enjeu. On observe toutefois une tendance dans la répartition des emplois ; le mot **linguistique** est de préférence utilisé lorsqu'il s'agit d'énoncer les caractéristiques générales de toutes les langues ainsi que les principes et méthodes qui fondent l'approche des faits de langue, tandis que celui de **grammaire** est plutôt réservé aux descriptions des langues particulières. C'est dire que si le *grammairien* est moins théoricien que le *linguiste,* rien de ce qui relève de la linguistique ne lui est cependant étranger.

Toutefois pour certains linguistes, le mot **grammaire** reste synonyme de « non-scientificité ». « La linguistique désire être une science. En dehors de ce désir, elle n'a aucun statut et n'a plus qu'à se confondre avec les pratiques, après tout fort anciennes et fort estimables, qu'on regroupe sous le nom de

1. Saussure n'a pas écrit lui-même le *Cours de linguistique générale.* Ce livre a été publié quelques années après sa mort par deux de ses élèves, Bally et Séchehaye, qui ont utilisé leurs notes de cours et les brouillons du maître.

*grammaire* » (J.-C. Milner, *Introduction à une science du langage,* Paris, Le Seuil, 1989, p. 9). D'autres justifient le choix exclusif du terme **linguistique** par l'étroitesse du lien qui relie l'étude du langage en général et celle des langues particulières. Ainsi A. Culioli définit la linguistique comme la discipline « qui étudie le langage à travers la diversité des langues naturelles ».

2. **Deux champs distincts.** — Il convient donc de préciser la spécificité de chacun des champs dont s'occupent respectivement la linguistique et la grammaire. On s'attardera ensuite quelque peu sur l'emploi du mot **grammaire** dans la théorie chomskyenne, dans la mesure où celle-ci a incontestablement modifié la situation de ce vocable dans le champ sémantique qu'il partage avec son concurrent.

A) *L'étude des propriétés communes.* — Même lorsqu'il n'est pas accompagné de l'adjectif **général(e)** ou **théorique,** le mot **linguistique** est volontiers employé pour désigner la science qui étudie les propriétés communes à l'ensemble des langues naturelles, *i.e.* des langues parlées par les êtres humains. On peut entendre par là :

— Les propriétés communes à toutes les langues naturelles en tant qu'elles sont des systèmes de signes et qu'elles s'opposent aux autres systèmes de signes non linguistiques (langages artificiels, codes, langages artistiques) et aux systèmes de signes employés par les animaux : l'*arbitraire* et la *linéarité* du signe (= sa réalisation sur l'axe du temps), le caractère *discret* (= discontinu) des unités de première et de deuxième articulation, semblent bien participer de la définition d'une langue naturelle, à quoi s'ajoute la *créativité,* à laquelle donne lieu son exercice. A la suite de Saussure, on appelle *sémiologie* la discipline qui étudie ce type de propriétés[1].

1. Cf. L. Prieto, *Pertinence et pratique,* Paris, Ed. de Minuit, 1975, et *Etudes de linguistique et de sémiologie générales,* Genève, Droz, 1975.

— Les propriétés qui permettent de classer les langues en types. Véritablement inaugurée par les comparatistes du XIXe siècle sur la base de considérations en principe non historiques, la classification des langues ou *typologie* a connu bien des vicissitudes. Elle n'a pas toujours su se libérer de l'emprise de l'évolutionnisme qui conduit à hiérarchiser les types selon une idée *a priori* de progrès ou de dégénérescence, ni faire abstraction de la proximité géographique. La distinction des quatre types établie par les comparatistes : langues *flexionnelles* comme le latin ou l'allemand, dans lesquelles un même morphème amalgame plusieurs marques, langues *agglutinantes* comme les langues ouraliennes, où toutes les relations grammaticales s'expriment par les suffixes, langues *isolantes,* où les relations sont marquées par l'ordre des mots ou par l'adjonction de mots autonomes (comme le français), langues *synthétiques,* comme l'esquimau, dont les mots sont de véritables phrases, n'est plus actuellement reçue sans réserves. Comme l'écrit C. Hagège, « ... en réalité, *les langues sont des complexes de structures évolutives* [...] elles accusent très normalement des traits qui relèvent de plus d'un type à la fois »[1]. Le problème de la classification des langues est donc loin d'être réglé. Les typologies les plus récentes, fait remarquer encore C. Hagège, si elles sont clairement synchroniques, sont fondées sur la structure du mot. « Or il s'agit d'un critère incertain. »

— Les propriétés de forme et de substance ; c'est la recherche de ce que certains appellent les *universaux* et que d'autres préfèrent nommer *tendances.* Question également très controversée.

Existe-t-il des universaux de substance ? S'il s'agit par exemple des catégories Verbe et Nom, il est douteux

1. En italiques dans le texte. *La structure des langues,* p. 8.

qu'on parvienne à en prouver l'existence universelle[1]. Mais il est peu probable qu'une seule langue au monde ignore l'opposition argument/prédicat. La réponse dépend donc du contenu qu'on met sous les termes. Quant aux universaux de forme, ils désignent soit des propriétés des langues, soit des propriétés des grammaires qui décrivent les langues. Selon N. Chomsky, les grammaires des langues naturelles présentent des propriétés communes : organisation de l'ensemble du modèle de description, types de règles, etc. (cf. chap. 3).

Les universaux formels attachés aux langues elles-mêmes peuvent correspondre, dans la problématique chomskyenne, à des principes très généraux comme ceux qui règlent les rapports anaphore/antécédent (étant précisé que ces principes sont « paramétrisés », *i.e.* qu'ils se réalisent différemment selon les langues). Mais d'autres linguistes entendent par universaux de forme un ensemble de caractéristiques, repérées statistiquement, concernant la structure phonologique et qui se partagent en traits « récessifs » et en traits « dominants » : ainsi l'opposition consonne sourde/consonne sonore est très répandue, alors qu'il est rare qu'une langue possède plus de consonnes nasales que de consonnes occlusives.

La linguistique générale a aussi à définir les conditions méthodologiques de l'étude des langues naturelles en diachronie et en synchronie, qu'il s'agisse de langues vivantes ou de langues mortes ou en voie de disparition, ou de langues sans écriture[2]. Elle doit éga-

1. Sur cette question très discutée (voir déjà Meillet, « Sur les caractères du verbe », 1920, in *Linguistique historique et linguistique générale,* Genève, Slaktine, 1982), on pourra se reporter aux *Actes* de la Table ronde organisée par le LACITO (octobre 1983) publiés dans la revue *Modèles linguistiques,* Lille, PUL, IV, 1, 1984.

2. On trouvera dans l'ouvrage déjà cité de J.-C. Milner (1989) une réflexion approfondie sur les questions de méthodes en linguistique synchronique.

lement se prononcer sur l'utilisation des moyens technologiques mis à sa disposition : appareils de phonétique expérimentale et acoustique, matériel informatique permettant le dépouillement d'enquêtes et le traitement des données; elle doit enfin réfléchir à la pertinence des outils statistiques.

B) *La description des langues particulières.* — Il revient, plus modestement, à la *grammaire* de fournir une description des diverses langues particulières. On parle du reste plus volontiers de **grammaire du français** que de **linguistique du français.** Mais qu'est-ce que la description d'une langue naturelle? Avant d'aborder ce point, qui fera l'objet du troisième chapitre, il est utile d'apporter dès maintenant un premier élément de réponse à cette question.

Le clivage entre les grammairiens actuels, ceux qu'on peut appeler « modernes » d'un côté et « traditionnels » de l'autre, peut être ramené dans une large mesure à une différence concernant la manière d'interpréter le verbe **décrire.** Par **décrire une langue** on peut entendre en effet deux choses : il s'agit ou bien de répertorier de manière plus ou moins organisée un ensemble de faits structurels, d'opérer quelques mises en relation et de dégager des règles approximatives et formulées de manière imprécise; ou bien d'examiner de manière systématique l'ensemble des faits, de chercher à découvrir tous les liens qui les rattachent entre eux et de formuler des règles entièrement explicites à l'aide d'un métalangage dont les termes sont univoquement définis. Dans le premier cas, on peut prétendre décrire une langue dans son ensemble; dans le second, étant donné l'étendue des faits à examiner et la complexité des relations à dégager, il faut se contenter d'élaborer des « fragments de grammaire ». Il n'existe pas en effet, à l'heure actuelle, du français ni de toute autre langue, une description qui soit exhaustive. Cela ne tient pas seulement à l'étendue du domaine d'investigation, et au fait que la plupart des relations pertinentes se dérobent à une observation superficielle, mais aussi à ce qu'aucun grammairien ne dispose d'une théorie linguistique achevée.

Lorsqu'un ouvrage porte le titre de *Grammaire française* ou de *Grammaire du français,* on peut donc s'attendre à ce qu'il s'agisse d'une description qui prétend être exhaustive mais qui en réalité ne l'est pas et qui n'est pas explicite (que la terminologie soit moderne, ou traditionnelle importe peu). Lorsque l'ouvrage présente une description à portée explicative, le terme de **grammaire** est généralement accompagné d'un sous-titre indiquant le secteur de la langue étudié (exemples : *Grammaire transformationnelle du français : syntaxe du verbe ; Grammaire transformationnelle du français : syntaxe du nom ; Grammaire transformationnelle du français : syntaxe de l'adverbe,* de M. Gross[1]) ; ou bien le mot **grammaire** est construit avec un complément fournissant cette indication, par exemple : *Grammaire des insultes,* de N. Ruwet[2]. Bien entendu, le mot **grammaire** ne figure pas dans le titre de toutes les études grammaticales qui s'inspirent des principes de la linguistique.

La langue reposant sur la mise en relation de la forme et du sens, la grammaire ne se limite pas, comme c'était le cas dans la conception traditionnelle, à la syntaxe et à la morphologie. Faire de la grammaire, c'est étudier la langue sous n'importe lequel de ses aspects. Une grammaire véritablement complète d'une langue devrait fournir une description exhaustive et approfondie de tous les phénomènes de forme et de sens et de leurs interrelations.

Les mots **grammaire** et **linguistique** fonctionnent donc comme un couple d'éléments solidaires et non pas anta-

1. Les deux premiers ouvrages sont parus chez Larousse, respectivement en 1968 et en 1977, le troisième aux Editions Cantilène, Paris, 1990.
2. Paris, Le Seuil, 1982.

goniques, si du moins par **grammaire** on entend « discipline qui a pour vocation de décrire les langues naturelles selon les principes de la linguistique ».

3. **Grammaire ou langue ?** — Le choix de l'expression **grammaire générative** indique l'importance accordée par N. Chomsky au concept de grammaire. Celui-ci, à la suite des grammairiens de Port-Royal, souligne l'ambiguïté du terme : **la grammaire d'une langue** désigne soit la connaissance intériorisée que les sujets parlants ont de leur langue — connaissance dont ils n'ont généralement pas conscience —, soit la description que le linguiste donne de cette connaissance intériorisée ou *compétence* (à la *compétence* s'oppose la *performance* qui est la mise en œuvre de la connaissance intériorisée).

Pour N. Chomsky, la faculté de langage est une des facultés de l'esprit. La structure de celui-ci étant « modulaire » (= système de sous-systèmes en interaction), chacune a ses propriétés particulières. La faculté de langage consiste en premier lieu en une connaissance de la grammaire. Dans cette perspective, le concept de langue devient secondaire et « peu intéressant » : il s'agit d'un simple « épiphénomène ». D'une part, parce qu'il est empiriquement peu clair (le critère d'intercompréhension qui fonde la notion de langue est incertain et chacun sait que la frontière est mouvante entre langue et dialecte) ; d'autre part, parce qu'il est évident que la *créativité* du langage, *i.e.* l'aptitude de tout sujet parlant à produire des discours appropriés à des situations éventuellement toutes nouvelles et à comprendre les autres quand ils en font autant, relève de la compétence et non de la langue elle-même, entendue comme l'ensemble infini de tous les énoncés. On voit qu'il y a là une sorte de glissement par rapport à la terminologie saussurienne : **gram-**

**maire** semble prendre la place de **langue** et **langue** celle de **faits de parole** ou de **discours.**

Caractériser la faculté de langage, c'est construire la *Grammaire Universelle (GU)* : « Ensemble de principes qui spécifie la variété des grammaires possibles. » Ces principes, selon N. Chomsky, font partie du bagage dont l'individu est pourvu à sa naissance ; ils sont innés ; de plus ils sont ancrés biologiquement. Grâce à ces principes, sur la base de l'expérience à laquelle il est soumis, l'individu construit la grammaire de sa propre langue. Il acquiert la *compétence* de sa langue maternelle.

Les positions innéistes de N. Chomsky ont soulevé, on s'en doute, de vives discussions et davantage encore l'affirmation selon laquelle les principes de *GU* sont « biologiquement nécessaires »[1]. Quoi qu'il en soit, soulignons l'étroite solidarité qui est affirmée entre GU et les grammaires particulières (le concept de paramètre, on l'a vu, permettant d'articuler particularité et universalité) et la remise à l'honneur du terme **grammaire**. L'importance prise corrélativement par la notion de *grammaticalité* (cf. chap. 3) consacre la place centrale du concept de grammaire dans la théorie chomskyenne.

Ce rapide aperçu sur l'histoire de la discipline explique pourquoi le terme de **grammaire** reste plus vague, plus général, moins marqué, moins saillant et moins positivement connoté que celui de **linguistique,** et se prête à des emplois plus nombreux. A cause de son ancienneté sans doute, sa polysémie est beaucoup plus riche que celle de son concurrent (on ne dit pas ***une phrase linguistique** mais **une phrase grammaticale** et un ouvrage qui traite de linguistique ne peut être désigné par ***une linguistique,** on ne parle pas non plus de ***linguistique du jeu d'échecs...**). Mais à cause des vicissitudes qu'il a connues au cours des siècles, le mot

1. Voir notamment J.-C. Milner, *Ordres et raisons de langue,* Paris, Le Seuil, 1982.

**grammaire** apparaît volontiers comme érodé, banalisé. Il lui manque le prestige que confèrent au mot **linguistique** les idées de science et de théorie que le passé récent y a attachées. Hormis la tendance à répartir les emplois selon l'opposition général/particulier qui rappelle celle que préconisait Beauzée, c'est souvent cette simple différence de « valeur » qui détermine le choix dans l'usage respectif des deux termes.

Chapitre II

# LES UNITÉS DE LA LANGUE ET LES PARTIES DE LA GRAMMAIRE

La première tâche du grammairien est de définir les unités constitutives de la langue qu'il décrit et de fournir des critères permettant de les délimiter et de les classer. A chaque type d'unités correspondent des parties de la grammaire (morphologie, syntaxe, lexicologie, etc.), dont il convient également de préciser les relations qu'elles entretiennent les unes avec les autres.

## I. — Les unités de la langue

Leur découverte a été progressive et elles ne tiennent pas toutes la même place dans les différentes approches. Tout en considérant, comme la grammaire traditionnelle, le *mot* comme l'unité fondamentale, la grammaire historique et comparée a montré la nécessité de le soumettre à une analyse faisant apparaître des unités inférieures constituant sa structure interne : racines, désinences et affixes (les *morphèmes*). La linguistique structurale, poussant plus avant la segmentation, a découvert ou plutôt redécouvert, après les travaux du grammairien indien Pânini (IV^e siècle avant J.-C.), les *phonèmes,* unités dénuées de *Sé* mais permettant d'opposer des unités significatives. Il revient plus particulièrement au distributionalisme d'avoir montré que les mots s'organisent en constituants, et aux théories syntaxiques modernes — et notamment à la grammaire générative — d'avoir tiré avec le plus de rigueur les conséquences du fait que les principales contraintes entre éléments s'exercent au sein de la phrase.

1. **Des unités non significatives à la phrase.** — Du *phonème* à la *phrase,* les unités s'organisent de manière hiérarchique en une série d'emboîtements dont rend compte la notion générale de constituant : les *phonèmes* constituent des *morphèmes,* qui constituent des *mots,* qui constituent des *syntagmes,* qui constituent la *phrase.* En vérité, l'intégration des niveaux entre eux est plus complexe que ne le donne à croire la comparaison implicite avec le système des poupées russes. De plus, toutes les unités ne sont pas discrètes ; les phénomènes *prosodiques* (accent, intonation) sont de nature continue et concernent tous les niveaux d'analyse (cf. le rôle de l'intonation pour distinguer une interrogation d'une assertion). Bref, les cloisons entre niveaux ne sont pas « étanches » et les relations entre les divers types d'unités sont complexes.

A) *Phonèmes et graphèmes.* — La grammaire traditionnelle n'ignorait pas que les langues sont avant tout constituées de signes vocaux, mais elle ne tirait pas les conséquences de la primauté de l'oral sur l'écrit et ne voyait pas la nécessité de distinguer clairement les deux codes. Depuis le développement de la grammaire comparée et surtout de la linguistique synchronique, le départ est fait entre lettres et sons, écrit et oral, et l'étude des sons s'est vu reconnaître l'importance qui lui revient.

La *phonologie* a pour tâche d'établir la liste des sons et des phénomènes prosodiques pertinents d'une langue et de déterminer celles de leurs variations qui sont fonctionnelles (ainsi, en français, la variation [ɛ] ouvert / [e] fermé permet de distinguer des mots de sens différent : **étai/été**), celles qui sont libres (par exemple **r** roulé et **r** grasseyé), et celles qui sont conditionnées ([ĸ] est palatal devant [a] ou [i] et guttural devant [u]). Il lui revient également d'étudier les combinaisons possibles des phonèmes et de mettre à jour toutes les relations structurelles qui les unissent[1].

Il est rare que la relation soit « biunivoque » entre lettres et sons. Le français, on le sait, se distingue particulièrement par la complexité des liens graphie/phonie : ainsi le phonème [ã] se transcrit à l'aide d'une bonne dizaine de graphies différentes (**an, am, en, em, aen, aon, ant, and,** etc.), à [s] correspondent **s, z, ss, ç,** parfois **x...** De là une partie des difficultés de l'orthographe française. D'autres langues, comme l'italien ou l'allemand, offrent un système de correspondances plus simple.

Comme le souligne Grevisse, l'orthographe française est à la fois *phonologique,* dans la mesure où elle livre de nombreuses indications sur la prononciation, *historique,* puisque de nombreuses graphies correspondent à des états antérieurs de l'évolution (ainsi **ai, oi, au** renvoient à la prononciation du français au Moyen Age), *étymologique,* « puisqu'elle contient un grand nombre de lettres qui ont été réintroduites à l'imitation du mot latin » (ainsi le **p** de **temps** et de **corps**), *morphologique,* « car elle donne des indications sur le nombre, le genre, la personne, le mode, le temps », et enfin « *discriminative,* car elle assure la distinction graphique des homophones : **ceint, cinq, saint, sain, sein, seing** » (*Le bon usage,* Paris-Gembloux, Duculot, 12e éd., 1986, § 91).

1. Cf. J.-L. Duchet, *La phonologie,* Paris, PUF, « Que sais-je ? », 1981, 1992.

La question de l'orthographe française intéresse depuis toujours les grammairiens et les linguistes (cf. N. Catach, *L'orthographe,* Paris, PUF, « Que sais-je ? », 1978). Avec la scolarisation obligatoire, elle préoccupe aussi les didacticiens et les responsables politiques et elle agite périodiquement l'opinion publique. On trouvera dans le n° 95 de la revue *Langue française* (Paris, Larousse, septembre 1992), un bilan des recherches actuelles en linguistique et en psycholinguistique. L'approche psycho-linguistique traite des « représentations cognitives des usagers de la parole ».

Les phonèmes sont eux-mêmes transcrits à l'aide de caractères empruntés à l'alphabet latin : le code adopté est celui de l'Alphabet phonétique international (API). Ce code est depuis quelques décennies également utilisé par les lexicographes.

B) *Morphèmes.* — La plupart des mots se laissent analyser en unités plus petites, constituées d'un *Sa* et d'un *Sé* : les *morphèmes* (selon la terminologie la plus répandue). Parmi ces *morphèmes,* on distingue d'une part les *radicaux* et d'autre part les *affixes* et les *désinences* ou *morphèmes flexionnels.* Le *radical,* qui peut coïncider avec le mot seul **(pluie, homme, craie),** porte l'essentiel de la signification (on parle parfois de *lexème*) ; dans **mangeons** [mɑ̃ʒɔ̃], c'est **mange-** [mɑ̃ʒ] qui exprime l'idée principale, à savoir l'absorption de nourriture.

Les *désinences* sont des séquences de phonèmes qui s'ajoutent au radical, éventuellement suffixé, pour livrer des indications de deux sortes :

— *Catégorielles :* Selon la partie du discours à laquelle appartient le mot, il peut s'agir d'indications de genre et de nombre (Nom, Déterminant, Pronom, Adjectif) ou de temps, mode, aspect, voix (Verbe). C'est la raison pour laquelle ces parties du discours sont dites *variables.* Le verbe reçoit, de surcroît, des marques de personne, de nombre et éventuellement de genre (conjugaison).

— *Syntaxiques :* Dans certaines langues comme le latin, l'allemand et le grec ancien, la désinence qui accompagne le radical des catégories nominales livre, en outre, des indications sur la fonction syntaxique du mot : ce sont les *cas.* Le français, qui a été une langue à cas, a gardé quelques traces de déclinaison (pronoms personnels et relatifs).

Conduite en liaison avec la phonologie, la morphologie a mis en évidence la différence de fonctionnement des marques à l'écrit et à l'oral. Toutes les marques catégorielles et une partie des marques syntaxiques sont systématiquement plus nombreuses à l'écrit qu'à l'oral. Cette *redondance* s'explique par les conditions différentes de la communication : celui qui parle dispose de moyens pour se faire comprendre (intonation, mimiques, gestes) auxquels ne peut avoir recours celui qui écrit. Ainsi le pluriel est marqué trois fois dans **les bons amis** à l'écrit, et seulement deux fois à l'oral (forme de l'article et liaison).

Ces indications ou marques ne correspondent pas toujours à des segments distincts; si dans **mangerez** [mɑ̃ʒəre], le **-r-** marque le futur et le **-ez** la seconde personne du pluriel, dans **mangeaient** [mɑ̃ʒɛ] la désinence **-aient** [ɛ] indique simultanément la troisième personne du pluriel et l'imparfait de l'indicatif. A moins de dire que le temps et le mode reçoivent ici la marque *zéro,* il faut conclure à l'*amalgame* des morphèmes, du moins pour les formes orales. Quant aux langues à cas, elles fusionnent très souvent les indications catégorielles et syntaxiques : le **-us** de **dominus,** en synchronie, correspond à la fois au cas nominatif et aux marques de genre (masculin), et de nombre (singulier).

Le radical lui-même peut connaître des variations de forme : variations vocaliques comme dans **boive/buvons** ou **lève/levons,** et/ou consonantique comme dans **finis** [fini]/ **finissent** [finis]. Contrairement à ce que la description traditionnelle de la morphologie verbale centrée sur l'écrit peut faire croire, l'alternance thématique ne concerne pas seulement, en français, les verbes dits du troisième groupe.

Les *affixes* sont des morphèmes qui suivent *(suffixes)* ou précèdent *(préfixes)* le thème ou le radical. L'*infixation* (insertion dans le radical ou thème) n'existe pas en français. Les *affixes* sont des éléments porteurs d'un véritable sens ; ils peuvent être suivis d'une désinence (lorsqu'il s'agit d'un *suffixe*) mais ils ne donnent pas lieu à amalgame : ce sont de vraies unités. Ils permettent de créer des mots nouveaux. C'est ce qu'on appelle la *dérivation.* En synchronie, les mots dérivés se regroupent autour d'un radical ou thème en familles, dont la composition peut être largement indépendante de l'histoire. Certains dictionnaires, voulant faire justice à cet aspect de la compétence des sujets parlants, auquel correspondent certains des *rapports associatifs* de Saussure, procèdent à des regroupements morpho-sémantiques sans tenir compte de l'histoire des mots[1] La *morphologie dérivationnelle* est la partie de la linguistique ou de la grammaire qui s'efforce de dégager des régularités dans la formation des mots, de distinguer les processus de formation productifs de ceux qui ne le sont pas — ou plus — et de rendre compte de la notion de mot possible mais non attesté (par exemple ***attaquement**)[2]. C'est que n'importe quel affixe ne peut pas s'ajouter à n'importe quel mot ou radical. La catégorie de départ est déterminante et le sens de l'affixe joue un rôle. On parle de *dérivation nominale* pour la formation de mots à partir de noms (adjectifs, noms et verbes), de *dérivation adjectivale* quand le terme de départ est un adjectif (noms et adverbes) et de *dérivation déverbale* lorsqu'il s'agit d'un verbe (essentiellement des noms). En ce qui concerne le verbe, il convient de ne pas confondre suffixe et désinence : le passage de **film** à **filmer** se fait par suffixation zéro : **-er** n'est pas un suffixe.

C) *Le mot.* — Alors qu'il était tenu pour l'unité linguistique par excellence, le *mot* a été vigoureusement remis en cause par la linguistique synchronique. D'abord, au regard de la notion de signe, il n'apparaît

1. C'est le cas du *Dictionnaire du français contemporain (DFC),* Larousse, 1966, du *Lexis. Dictionnaire de la langue française,* Larousse, 1975, et aussi du *Robert méthodique,* Ed. du Robert, 1984.

2. Sur la morphologie dérivationnelle, on pourra se reporter à D. Corbin, *Morphologie dérivationnelle et structuration du lexique,* Tübingen, Niemeyer, 2 vol., 1987, réédité par les Presses Universitaires de Lille, 1991.

pas comme une unité privilégiée : le *mot* n'est qu'un signe parmi d'autres (les morphèmes, les syntagmes, la phrase et même le texte sont des signes). Ne serait-il pas une création de l'écrit ? A l'oral, aucune frontière ne sépare **le** de **chien** dans **le chien** [ ləʃjɛ̃ ] ni **je** de **mange** dans **je mange** [ʒəmɑ̃ʒ] ni **à** de **Marie** dans **à Marie** [amari]. De plus, certains mots n'ont pas un contenu sémantique plus consistant que certains morphèmes : c'est le cas des prépositions **à** et **de** dans nombre de leurs emplois, de la conjonction **que**, du **si** introducteur d'interrogation indirecte, de **ce** dans **Je me réjouis de ce qu'il parte,** etc.

A. Martinet, auquel on doit la critique la plus radicale du mot, propose de distinguer les *monèmes* (= morphèmes) des *synthèmes,* unités complexes formées soit par dérivation **(boutiquier)** ou par composition **(autoroute, tire-bouchon, ferme pilote, pomme de terre, peinture à l'huile)** ; les composés se caractérisent par le fait que chaque élément peut figurer ailleurs que dans le *synthème.* Les synthèmes (dérivés et composés) se comportent par rapport aux autres éléments de l'énoncé comme des *monèmes* et il n'est pas possible de leur adjoindre un élément à l'intérieur (rien ne peut être inséré entre **boutiqu-** et **-ier** ni entre **tire** et **bouchon**, **ferme** et **pilote,** etc.). A ces *synthèmes,* A. Martinet ajoute les mots formés par des composants ne figurant au départ que dans des *synthèmes* : **philosophe, thermostat.** Il parle à ce propos de *confixation* (*Grammaire fonctionnelle du français,* Paris, Credif, 1979, p. 19-20). De tout cela, il ressort, selon lui, que la grammaire peut et doit faire l'économie du mot.

Même s'ils savent que le mot n'est pas une unité présente dans toutes les langues, et s'ils reconnaissent que l'écrit a joué un rôle déterminant dans l'importance qui lui est accordée par la tradition grammaticale, beaucoup de linguistes ne se rangent pas à l'avis d'A. Martinet. Pour de nombreuses langues indo-européennes, il semble bien que le mot corresponde à une réalité chez le sujet parlant, même lorsque celui-ci, peu familier de l'écrit, hésite à placer une frontière de mot. En français, le mot pris isolément a une unité accentuelle et l'emploi isolé n'est pas un artefact qui rendrait circulaire le raisonnement. La confection des dictionnaires repose sur l'hypothèse que le mot est une unité linguistiquement fondée.

La distinction entre *mots grammaticaux* et *mots lexicaux* se fonde sur l'idée que les premiers, sémantiquement vides ou peu consistants, constituent des paradigmes limités et stables (inventaires fermés), tandis que les autres, sémantiquement pleins, forment des séries illimitées et plus mouvantes (inventaires ouverts). Relèvent de la première catégorie, les prépositions, les conjonctions, les pronoms et les déterminants, issus pour nombre d'entre eux de signes *pleins* (c'est ce que Guillaume appelle la *subduction*). Ainsi, pour reprendre des exemples de P. Guiraud, **les** (cf. **Plessis-les-Tours**) vient de **latus** (« côté »), **chez** de **casa** (« maison »), **le long de** de l'adjectif **long.**

La distinction *mots lexicaux / mots grammaticaux* ne doit pas être reliée de manière systématique à la traditionnelle classification des mots en *parties du discours.* Celles-ci sont en effet loin d'être homogènes. Ainsi les adverbes : selon la tradition, la négation est rangée dans la catégorie des adverbes, or elle constitue une série incontestablement fermée. Mais cette même catégorie regroupe notamment les adverbes en **-ment,** dont il est difficile de soutenir qu'ils appartiennent à une série limitée et qu'ils sont sémantiquement vides. Mais surtout, l'opposition sémantique vide/plein est beaucoup trop vague et sommaire. On ne peut pas placer dans la même catégorie, du point de vue du sens, un mot comme **que** auquel, en effet, il n'est pas possible d'assigner un véritable contenu et un mot comme **si** (conditionnel) qui joue un rôle si important dans l'articulation logique des phrases. De même, les conjonctions de coordination ne peuvent pas être dites *vides* au sens où est *vide* **ce** dans **Je cherche à ce qu'il parte.**

L'opposition entre *mots lexicaux* et *mots grammaticaux* doit plutôt être mise en rapport avec la distinction classique entre mots exprimant des *concepts* (objets, procès, qualités) et mots indiquant des *relations.* On conçoit que les premiers soient plus nombreux que les seconds et que leur sens soit plus facile à appréhender ou intuitivement plus accessible.

La distinction, formulée telle quelle, n'est cependant pas sans danger. Elle peut conduire à considérer que les *mots grammaticaux* ne sont pas « intéressants » sémantiquement ; et de fait, la grammaire traditionnelle et même la linguistique synchronique à ses débuts ont largement négligé l'étude des mots grammaticaux, notamment de ceux qui sont invariables, et la définition qu'en proposent les lexicographes est souvent sommaire. Les travaux récents en linguistique ont montré au contraire que des mots comme **mais, car, alors,** etc., s'ils ne véhiculent aucun concept, ne sont pas pour autant dénués de valeur sémantique[1].

D) *Syntagmes.* — Entre le mot et la phrase, la linguistique a mis en évidence l'existence d'un niveau intermédiaire, celui du *syntagme* ou groupe de mots. La grammaire traditionnelle n'ignorait pas, bien sûr, l'existence de ce type d'unité. Mais elle n'en tenait pas vraiment compte, notamment pour l'analyse des fonctions syntaxiques. Autrefois, on apprenait à l'école que dans une phrase comme **le gros chien noir aboie,** le sujet était le nom **chien.** Or c'est l'ensemble du groupe **le gros chien noir** qui assume cette fonction. Le fait de ne pas prendre en compte le niveau du syntagme entraîne la confusion entre catégorie et fonction.

Les structuralistes, au contraire, ont accordé une

1. Cf. les travaux d'O. Ducrot, notamment *Les mots du discours,* O. Ducrot *et al.,* Paris, Ed. de Minuit, 1980.

grande attention aux relations de dépendance entre éléments dans la chaîne, y compris entre les mots. Bien entendu, la grammaire traditionnelle avait identifié bon nombre de ces relations. Pour le groupe nominal par exemple, elle avait noté que le nom commun est généralement précédé d'un article ou d'un adjectif déterminatif, que l'adjectif épithète est le plus souvent facultatif, et l'essentiel des variations formelles découlant de ces relations (accord) ne lui avait pas échappé. Mais l'étude n'avait pas été systématique et certains faits n'avaient pas été relevés.

Les *syntagmes* ont une autonomie accentuelle dans la chaîne. Ce qui les constitue comme tels, c'est que les éléments qui les composent entrent dans la même relation de dépendance (=*fonction*) par rapport à un autre élément ou à un autre groupe d'éléments. Ainsi, tous les constituants de **le gros chien noir** entrent dans la relation « sujet de ». L'organisation interne du syntagme nominal est hiérarchisée, ce que met en évidence l'analyse en *constituants immédiats* : il s'agit de décomposer la phrase en substituant aux constituants maximaux des segments fonctionnellement équivalents mais plus courts. Par exemple, dans **le gros chien noir aboie,** le remplacement de **le gros chien noir** par **Fido** ou par **Médor** fait apparaître que les deux constituants immédiats de la phrase sont **le gros chien noir** et **aboie.**

Tous les constituants n'ont pas le même statut. Selon les tenants de la grammaire générative, il convient de distinguer les *constituants majeurs* (SN, SV, S ADJ et S PRÉP avec préposition non vide sémantiquement) des autres. Les *constituants majeurs* sont organisés autour d'un noyau ou *tête,* dont les propriétés catégorielles et sémantiques déterminent celles des autres constituants (*sélection sémantique* et *sous-catégorisation stricte*). On dit que le syntagme est *la projection* de l'élément-tête. Celui-ci n'a pas de fonction par rapport aux autres constituants ; ce sont eux qui en ont une par rapport à lui. Ainsi, à l'intérieur d'un syntagme nominal (SN), le nom n'assume aucune fonction (= relation de dépendance) ; de lui dépendent le déterminant et l'éventuel complément (groupe prépositionnel, adjectif épithète, relative déterminative, terme apposé, proposition complétive). De même, dans un S ADJ comme **très digne d'admiration**, **digne** n'a pas de fonction ; mais il sélectionne l'adverbe **très** qui le détermine ou plutôt le soumet à une sorte de quantification en rapportant la qualité « digne » à une échelle d'intensité ; il sélectionne également le mot **admiration** qui le complète (***très digne de crayon** ne se dit pas) et sous-catégorise la construction de ce dernier (préposition **de**).

La grammaire générative tente de rendre compte des ressemblances structurelles que présentent des syntagmes à catégorie majeure avec la *théorie X barre.* Si l'on convient de donner à la variable X les valeurs N, V, Adj et Prép, de symboliser par Spec le constituant qui détermine ou quantifie (ou qualifie, comme le font certains adverbes portant sur le verbe), et par Comp (= complément ou modifieur) le constituant qui « complète » l'élément-tête, on peut représenter la structure commune de la façon suivante (voir schéma page 56).

Telle qu'elle est présentée, cette hypothèse ne rend compte que d'exemples très simples. Mais il est possible de l'étendre et de la compliquer de manière à ce qu'elle décrive des structures de constituants plus complexes ; à condition toutefois d'adopter une hypothèse très forte : celle de la distinction entre deux niveaux de description : niveau de surface et niveau profond[1].

1. Comme le propose J. Emonds, « Les parties du discours en grammaire générative », *Recherches linguistiques de Vincennes,* 14-15, 1986, p. 94-154. La théorie *X barre* a été développée dans les récents travaux de N. Chomsky, notamment dans *Some Concepts and Consequences of the Theory of Government and Binding,* 1981, trad. franç. *La nouvelle syntaxe,* Paris, Le Seuil, 1987, et dans *Lectures on Government and Binding,* 1981, trad. franç., *Théorie du gouvernement et du liage,* Paris, Le Seuil, 1991.

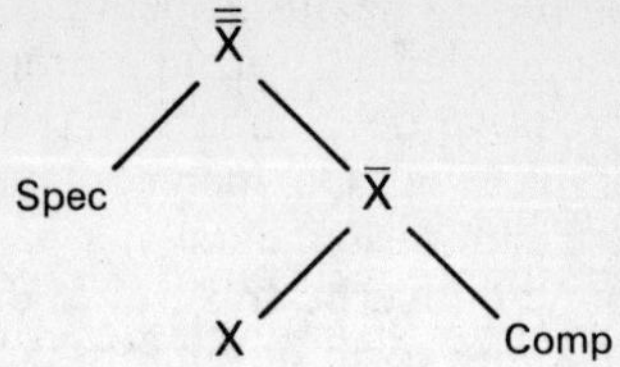


Exemples :

**très digne d'admiration**

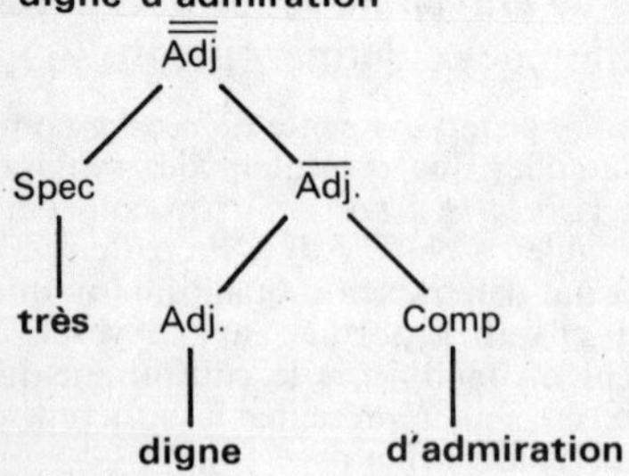


**le chien noir**

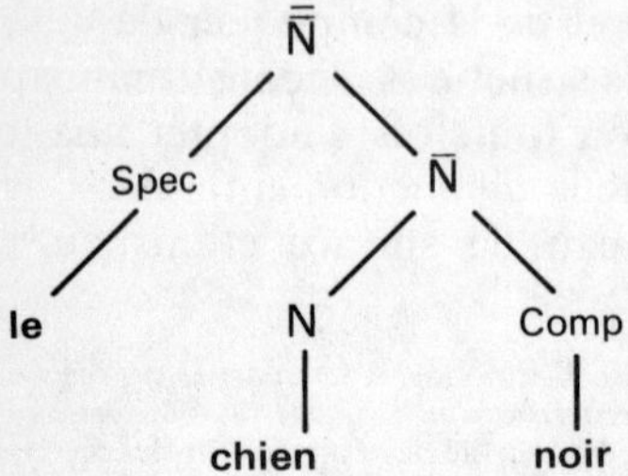

N. Chomsky a montré en effet que l'analyse en constituants immédiats (CI) soulève des difficultés et ne rend pas raison, du moins de manière satisfaisante, d'un certain nombre de phénomènes; il s'agit notamment :

— des morphèmes discontinus (la négation, par exemple) ;
— des phénomènes d'accord ;
— des dépendance à distance (anaphore) ;
— des ambiguïtés structurales (exemple : **la critique de Pierre**) ;
— des relations entre phrases (actif/passif, personnel/impersonnel, interrogations/assertions, etc.).

D'où le recours à un type de règles, les *transformations,* qui contrairement aux règles de décomposition en CI (règles dites *syntagmatiques*), opèrent des changements de place ou de catégorie; un tel type de règle exige la distinction entre un niveau abstrait ou profond et un niveau de surface. Grâce à cette distinction, la discontinuité de la négation ne fait plus problème : une règle *transformationnelle* déplace les deux constituants qui étaient « contigus » en structure profonde. Les relations entre phrases se décrivent en posant une structure profonde identique sur laquelle opèrent des transformations qui changent l'ordre des éléments, ajoutent ou suppriment des morphèmes grammaticaux, mais laissent inchangé un certain contenu sémantique. Quant aux ambiguïtés, il est possible d'en rendre compte à l'aide de deux structures profondes différentes pour une phrase unique. Par exemple, pour **la critique de Pierre** on pose deux structures profondes, l'une correspondant à l'interprétation subjective (« Pierre a critiqué quelqu'un ou quelque chose »), l'autre à l'interprétation objective (« Quelqu'un a critiqué Pierre »). L'accord et les relations à distance exigent des solutions transformationnelles plus complexes, qu'il n'est pas utile de présenter ici, le modèle de la grammaire générative ayant considérablement changé depuis quelques années. Ce que l'on peut retenir, c'est que les difficultés de l'analyse en CI peuvent être résorbées si l'on admet l'hypothèse de deux niveaux de structuration. Alors la notion de CI, et plus largement de syntagme, n'est plus nécessairement rattachée à la linéarité.

Une grammaire du français doit décrire le fonctionnement de toutes les unités et rendre compte des différentes interactions des niveaux entre eux. Détacher la phonologie de la grammaire comme on est parfois tenté de le faire en raison du statut sémiologique différent des phonèmes (unités non significatives) n'est pas justifié : la morphologie est trop tributaire de la phonologie et la phonologie elle-même de la syntaxe (liaison). Quant aux faits de prosodie, dans beaucoup de langues, un certain nombre ne s'expliquent que par des faits de syntaxe.

2. **La phrase.** — Le cadre à l'intérieur duquel on considère généralement que s'exercent les contraintes entre éléments et que s'observent les relations de dépendance qui les définissent est la *phrase.* Toutefois, s'il est assez évident que la phrase constitue l'unité maximale d'analyse, pour un certain type de relations du moins, la définition de cette unité ne va pas du tout de soi.

A) *Définitions.* — Il n'est pas difficile de montrer l'inadéquation des définitions qu'on trouve dans les manuels scolaires, du type « la phrase est un groupe de mots organisé autour d'un verbe conjugué ». Que faire en effet de séquences comme **Joli, ce dessin! A qui ce manteau? Moi, faire une chose pareille? Pas question d'aller chez lui,** etc. ? Pour échapper à cette difficulté, on a proposé des définitions faisant appel à des critères d'ordre psychologique ; ainsi : « C'est par phrases que nous pensons et que nous parlons ; la phrase est un assemblage logiquement et grammaticalement organisé, en vue d'exprimer un sens complet ; elle est la véritable unité linguistique » (*Le bon usage,* 9e éd., 1969, § 2). Mais qu'est-ce qu'un « sens complet » ? Peut-on parler « de sens complet » à propos de **Il le lui a dit ? On a fait ça hier ?** Conscients des apories auxquelles mènent de telles définitions, certains linguistes ont mis en avant des critères formels : la phrase est une unité phonique séparée par deux pauses et pourvue d'une mélodie conclusive (à l'écrit, la phrase est une suite de mots inaugurée par une majuscule et terminée par une ponctuation forte). Cette définition, largement opératoire, soulève cependant des difficultés. En effet, d'une part le repérage des pauses dépend du débit ; d'autre part, les libertés prises par les écrivains avec la ponctuation depuis un siècle rendent de moins en moins fiable le critère de la ponctuation. On notera de surcroît qu'une telle définition peut conduire à considérer comme phrases des séquences telles que **Ah ?, Hum !, Brr !**

Ecartant les critères formels, A. Martinet a tenté de construire une définition fonctionnelle de la phrase. Il appelle phrase l'ensemble des monèmes qui sont reliés par des rapports de détermination (= dépendance) ou de coordination à un même prédicat ou à plusieurs prédicats coordonnés (deux monèmes sont coordonnés quand ils sont dans les mêmes rapports avec le reste de l'énoncé). Malheureusement, la notion de *détermination* est trop générale. Dans une séquence comme **Il pleut. Je ne sors pas,** il y a entre **Il pleut** et **Je ne sors pas,** quoi qu'en dise A. Martinet, un rapport de dépendance : la seconde séquence dépend à l'évidence de la première. La définition de la phrase en termes de détermination implique qu'il n'y a de dépendance qu'à l'intérieur de la phrase. Or ce n'est pas le cas.

Conscients de l'impossibilité de trouver une définition de la phrase qui vaille pour l'ensemble des séquences qui peuvent prétendre à ce statut, les linguistes se contentent parfois de proposer une définition d'un *certain type de phrase.* Reprenant le formalisme de la grammaire générative, ils caractérisent celle-ci à l'aide de la règle de réécriture P → SN + SV. L'ensemble des séquences dont rend compte cette définition est évidemment très limité, même si P est tenu pour récursif, *i. e.* même s'il peut réapparaître un nombre indéfini de fois dans la dérivation (phrases à relatives, à complétives et à circonstancielles, groupes nominaux enchâssés dans des groupes nominaux).

Devant ces difficultés, un certain nombre de linguistes jugent préférable de se tourner vers des critères ouvertement sémantiques. Ce qui semble caractériser la phrase, en effet, c'est la mise en relation *(prédication)* d'une qualité ou d'un procès avec un *sujet, i.e.* un objet du monde que l'on « conçoit », comme disaient les auteurs de la *Grammaire de Port-Royal,* que l'on construit comme terme d'une visée. *Prédication* et *visée* ou *référence* seraient les deux opérations fondamentales sous-jacentes à la phrase, chacune d'elles présupposant des procédures complexes (quantification, ancrage spatio-temporel, notamment). D'autres opérations sont liées à la mise en relation d'un prédicat avec un sujet (modalité), qui seront examinées plus loin.

On ne confondra pas l'opposition *sujet/prédicat* avec l'opposition *thème/propos* (ou *rhème*) qui repose sur la distinction connu/non connu[1]. Toute phrase n'est pas structurée selon l'opposition *thème/propos,* même lorsqu'elle contient un verbe. Dans la séquence **Ce que j'ai fait hier? Je suis allée me baigner,** c'est toute la première phrase qui exprime le *thème,* tandis que la seconde correspond au *propos.* Les notions de *thème* et

1. C'est du moins l'une des définitions que l'on propose souvent pour cette opposition qui soulève bien des difficultés. Voir l'article de M. Galmiche au titre évocateur : « Au carrefour des malentendus : le thème », in *L'Information grammaticale,* n° 54, juin 1992, p. 3-10.

de *propos* ne sont pas essentielles à la définition de la phrase, celles de *sujet* et de *prédicat* le sont. Dans une phrase contenant un verbe conjugué *(= à temps fini)* il y a toujours un *sujet* (sauf dans le cas des tournures impersonnelles qui n'ont pas de tour personnel correspondant)[1]. Dans les phrases sans forme verbale ou sans verbe conjugué, le *sujet* peut être absent mais il est toujours possible de le restituer, du moins dans l'hypothèse d'une structure profonde. Le *prédicat,* lui, est toujours présent. Il n'y a pas de phrase sans *prédicat.* Mais à une phrase ne correspond pas forcément un *propos.*

Le *prédicat* n'est pas toujours exprimé par un syntagme verbal (SV) ni le sujet par un syntagme nominal (SN). Bien que n'importe quelle partie du discours ne puisse pas être noyau d'un syntagme à fonction prédicative ou référentielle, il n'y a pas de relation terme à terme entre opérations logiques et catégories grammaticales. Le *prédicat* peut avoir une structure simple; son unique *argument* est alors le *sujet* (il est *monovalent,* dans la terminologie de Tesnière), ou bien sa structure peut être complexe : il a deux *arguments* ou plus, un *sujet* et un *complément* (il est *bi-* ou *tri-valent*); à quoi peuvent s'adjoindre des *circonstants.* Les linguistes discutent de la question de savoir si les différents *arguments* sont à mettre sur le même plan ou si l'*argument* correspondant au *sujet* n'est pas « dominant » (cf. l'accord du verbe avec le *sujet* dans de nombreuses langues). On remarquera que, pour qu'il y ait phrase, il faut absolument que le *prédicat* reçoive un *argument* qui corresponde à la fonction *sujet*; il n'est pas toujours nécessaire que la

1. Certains linguistes modernes isolent une classe de verbes dépourvus de véritable sujet syntaxique : il s'agit des verbes « inaccusatifs », comme **arriver, venir, tomber, mourir,** cf. A. Rouveret, Présentation de *La nouvelle syntaxe,* Paris, Le Seuil, 1987, p. 70-71.

position correspondant à l'*argument complément* soit remplie (cf. **Paul part/ *∅Part** *vs* **Paul mange sa soupe/Paul mange**).

B) *Phrase et proposition.* — Une phrase peut contenir des éléments qui lui ressemblent, *i.e.* qui sont également analysables en sujet et prédicat : c'est ce qu'on appelle les *propositions.* La phrase complexe (= à plus d'une proposition) s'oppose à la phrase simple (une seule proposition). A l'intérieur d'une phrase complexe, les propositions sont indépendantes *(parataxe)* ou dépendantes *(hypotaxe).* On parle traditionnellement de *coordination* lorsque les propositions indépendantes qui figurent dans la phrase complexe sont reliées par une *conjonction de coordination,* mais elles peuvent également être juxtaposées *(asyndète)* ; une proposition *subordonnée* est une proposition dépendante introduite par une *conjonction de subordination* ou par un pronom relatif ou encore par un pronom interrogatif (interrogation indirecte). Hors de la phrase complexe, on ne trouve généralement pas d'élément de subordination ; deux phrases simples dites indépendantes se succèdent en principe sans être reliées par rien, mais il peut arriver qu'elles soient reliées par une conjonction de coordination.

La dépendance sémantique ne coïncidant pas nécessairement avec la subordination formelle ou grammaticale, c'est-à-dire avec la présence d'un élément de subordination, la définition de l'opposition *subordination/coordination* n'échappe pas toujours à la circularité : un élément de subordination est défini comme un élément qui introduit une proposition subordonnée et une proposition subordonnée comme une proposition qui est introduite par un élément subordonnant.

On pourrait convenir de réserver le terme de *subordination* aux cas où, à l'intérieur d'une phrase complexe, une proposition joue le rôle soit d'un argument du prédicat principal (complétive sujet ou objet), soit celui d'un complément d'un élément tête de syntagme (complétives complément de nom ou d'adjectif), soit d'un circonstant (circonstancielle de temps essentiellement) ; les *subordonnées* seraient donc définies comme des propositions qui jouent, par rapport à un terme d'une autre proposition, le rôle que joue un terme par rapport à un autre de la même phrase ; le fondement de la dépendance serait ainsi clairement syntaxique : est subordonnée une proposition qui assume une fonction *syntaxique.* Selon cette analyse, les relatives appositives **(Pierre, qui est fatigué, est allé se coucher),** qui correspondent à des prédication secondes, ne seraient pas considérées comme de vraies subordonnées, puisque la prédication n'est pas une fonction. Seraient également exclues les propositions qui, bien qu'introduites par une conjonction de subordination, contractent une relation de dépendance non pas avec un terme d'une autre proposition, mais avec l'ensemble d'une proposition. C'est le cas des conditionnelles **(Même s'il ne fait pas beau, j'irai me baigner).** Cette indépendance fonctionnelle n'exclut pas une dépendance grammaticale : outre la présence de **si,** il y a les contraintes sur le choix des modes et des temps ; la dépendance n'est pas syntaxique (la subordonnée n'a pas de fonction), mais sémantique (implication).

Les propositions introduites par une conjonction de coordination n'ont pas de fonction ; de ce point de vue, la *coordination* s'oppose bien à la *subordination* ; mais il n'y a pas pour autant indépendance du point de vue du sens : sémantiquement, une proposition coordonnée entre ou bien dans un rapport logique (implication avec **donc,** conjonction avec **et,** disjonction avec **ou** et **ni**) avec la proposition précédente, ou bien dans un rapport de type argumentatif **(mais, car, or).** Il faut donc dissocier la dépendance fonctionnelle ou syntaxique de la dépendance sémantique (logique et argumentative).

C) *Modalité.* — Par rapport à la relation prédicative fondatrice de la phrase, le locuteur s'engage de différentes manières. Il peut asserter la relation, *i.e.* affirmer qu'elle vaut ou ne vaut pas du sujet (*modalité assertive* par exemple : **Pierre est venu. Pierre n'est pas venu**) ; il peut rapporter cette relation (positivement ou négativement) au plus haut degré (*modalité exclamative,* cf. **Qu'il est bête! Que de bêtises n'a-t-il pas dites!**) ; ou demander à un interlocuteur si la relation vaut ou ne vaut pas **(Est-il venu?)**, ou bien de quel objet du monde elle est vraie **(Qui est venu?)** : c'est la *modalité interrogative.* Enfin, il peut enjoindre à l'interlocuteur de faire en sorte que la prédication « devienne vraie », *i.e.* que la relation se vérifie ultérieurement **(Prends ces livres)** : c'est la *modalité impérative* ou *jussive.* Ces modalités s'accompagnent de toutes sortes de marques, dont aucune, sauf l'intonation, ne suffit à les caractériser, bien que certaines aient une prégnance particulière (ordre des mots pour l'interrogation, mode impératif pour la modalité jussive).

A la suite des travaux du philosophe anglais Austin (1912-1960) et de J. R. Searle[1], les modalités ont été rapportées à des *actes de langage* (*de discours* ou *de parole*) : *l'assertion* est un acte visant à informer l'interlocuteur, la *question* sollicite de sa part une réponse, l'*ordre* vise à susciter un comportement. La *modalité* ou *force illocutoire* d'une phrase peut être explicitée à l'aide d'un verbe *performatif* : **j'affirme que, je te demande si, je t'ordonne de.** La *pragmatique* est la partie de la linguistique qui étudie la langue en tant que moyen d'action[2].

1. J.-L. Austin, *How to do Things with Words,* 1962, trad. franç., *Quand, dire c'est faire,* Paris, Le Seuil, 1970, et J. R. Searle, *Speech Acts,* 1969, trad. franç., *Les actes de langage,* Paris, Hermann, 1972.

2. Cf. F. Armangaud, *La pragmatique,* Paris, PUF, « Que sais-je ? », 1985.

Le terme de *modalité* a été emprunté par les grammairiens aux logiciens. En logique, la *modalité* désigne le mode de validation d'une proposition : une proposition peut être vraie ou fausse par nécessité **(Le chat est un carnivore / L'homme est immortel)** ou par contingence **(Napoléon est mort à Sainte-Hélène / Napoléon est mort en France).** Cette dimension n'intéresse lc linguiste que très indirectement : pour lui une phrase comme **Napoléon est mort en France** est tout aussi recevable, puisqu'elle est bien formée grammaticalement, que **Napoléon est mort à Sainte-Hélène.** Toutefois, les phrases qui sont des vérités ou des faussetés nécessaires (phrases dites *analytiques*) ont des caractéristiques formelles qui intéressent le linguiste : choix des déterminants, des marques temporelles. La modalité du nécessaire peut aussi être expressément indiquée : adverbes **(nécessairement, toujours),** adjectif **(il est nécessaire que),** verbes **(devoir).** Ces éléments sont qualifiés de *modaux*.

Empruntant à Leibniz la notion de *monde possible (Essai de Théodicée),* les sémanticiens actuels mettent volontiers en rapport l'opposition nécessaire/contingent avec la prédication : une vérité contingente résulte d'une prédication effectuée dans le monde réel (ce qu'on appelle aussi l'*univers de discours, i.e.* l'univers défini par les coordonnées spatio-temporelles du locuteur) ; une vérité nécessaire résulte, selon eux, d'une prédication effectuée dans tous les mondes possibles (y compris le monde réel). La notion de *monde possible* a permis par ailleurs au philosophe américain S. Kripke (*Naming and Necessity,* 1972, trad. franç., *La logique des noms propres,* Paris, Ed. de Minuit, 1982), d'opposer les noms propres aux autres expressions référentielles : un nom propre est une expression qui vise le même objet à travers tous *les mondes possibles.* C'est pourquoi il les appelle des *désignateurs rigides.*

La notion de *modalité* a connu une grande extension en grammaire. Très vite le terme de *mode* a été employé pour désigner les marques morphologiques qui indiquent le degré de réalisation du procès exprimé par le verbe (indicatif/conditionnel/subjonctif/impératif/infinitif/participe). Les catégories dérivées du probable et du certain ont été utilisées notamment par Guillaume pour décrire les conditions d'emploi de l'indicatif et du subjonctif dans certaines subordonnées **(Il est peu probable que Marie vienne/Il est probable que Marie viendra. Il est certain que Marie viendra/Il n'est pas certain que Marie vienne).** D'autres distinctions modales ont été progressivement établies pour rendre compte non de la vérité même de la phrase mais de la prétention du locuteur à dire le vrai. A la modalité *épistémique* (du probable ou du certain) s'oppose la modalité *déontique* (du permis, de l'obligatoire, de l'interdit). Certains linguistes parlent aussi de modalité *subjective* **(Je sais, J'espère)** ou de modalités *appréciatives* **(Il est heureux, Il est regrettable)**[1]. Les modes verbaux ont, par ailleurs, reçu une description faisant appel à la notion de *monde possible*[2].

La négation est-elle une modalité? En tant qu'opérateur unaire permettant d'obtenir la contradictoire d'une proposition, la négation n'a rien à voir avec l'opposition contingent/nécessaire ni avec les oppositions dérivées. La question se pose du point de vue *illocutoire.* Notons d'abord que la négation peut intervenir dans chacune des modalités pragmatiques : assertions, exclamations, interrogations et ordres peuvent être formulés de manière positive ou négative. Un fait à relever cependant : l'interrogation négative est souvent équivalente à une assertion positive : **Pourquoi n'es-tu pas venu?** = « Tu aurais dû venir ».

O. Ducrot (*Dire et ne pas dire,* Paris, Hermann, 1972) a montré de façon convaincante, qu'il y avait

1. Cf. A. Meunier, « Grammaire du français et modalités. Matériaux pour une nébuleuse », in *DRLAV,* n° 25, 1981, p. 119-144. Voir aussi le n° 43, septembre 1976, de la revue *Langages,* Paris, Larousse, consacré aux modalités.

2. Cf. R. Martin, *Langage et croyance,* Bruxelles, Mardaga, 1987.

lieu de distinguer deux négations : la négation *descriptive* et la négation *polémique* ou *métalinguistique*; en disant **Je n'ai pas faim,** le locuteur peut désirer informer l'interlocuteur de son absence d'appétit mais il peut aussi vouloir s'opposer à un énoncé précédent assertant qu'il a faim. Alors que la force illocutoire d'une phrase contenant une négation à valeur *descriptive* ne se distingue pas de celle d'une phrase positive de modalité assertive (il s'agit dans les deux cas d'informer le locuteur), il n'en va pas de même d'une phrase à négation *polémique* ou *métalinguistique* : l'acte de langage consiste en une *réfutation* qui se distingue nettement de l'*assertion.* Avec la première, les présupposés véhiculés par la phrase positive correspondante sont maintenus; la seconde n'est pas incompatible avec le rejet des présupposés. On hésitera, cependant, à parler de *modalité négative,* parce qu'aucune marque formelle propre ne s'y attache et que la phrase reste évaluable en termes de vrai et de faux, ce qui est la caractéristique fondamentale de l'assertion[1].

Reprenant une vieille distinction de la logique médiévale, Bally (*Linguistique générale et linguistique française,* 1926, 4e éd., Berne, Francke, 1965), analysait la phrase en deux constituants : le *modus* et le *dictum.* Le *modus* correspond à la modalité au sens pragmatique — ce que J. R. Searle appelle l'*opérateur* ou *marqueur* de *force illocutoire* — et le *dictum* à la phrase proprement dite, comme expression de la prédication — J. R. Searle parle de *contenu propositionnel.* Ainsi on dira que les phrases **Tu viens / Tu viens ? / Tu viens ! / Viens !** comportent le même *dictum* ou *contenu propositionnel* mais diffèrent quant au *modus.* Des grammairiens inspirés par la grammaire générative ont proposé de représenter cette structure par la règle $\Sigma \rightarrow \text{MOD} + \text{P}$[2]. Précisons que par la

1. Pour un bilan récent des recherches concernant la négation, on se reportera au n° 94 , mai 1992, de la revue *Langue française,* « Les négations ».

2. Ainsi J. Dubois et F. Dubois-Charlier dans *Eléments de linguistique française,* Paris, Larousse, 1970, repris par O. Soutet, *La syntaxe,* Paris, PUF, « Que sais-je ? », 1989.

suite les générativistes eux-mêmes ont modifié la réécriture de P en posant un niveau intermédiaire : le *dictum* symbolisé par P se réécrit COMP + P, où COMP désigne une position non fonctionnelle (qui peut être remplie, par exemple, par un pronom relatif ou par un pronom interrogatif antéposé).

3. **Au-delà de la phrase.** — Il est évident que l'essentiel des contraintes entre éléments s'exerce dans le cadre de la phrase ; mais il est non moins évident que les phrases ne se succèdent pas de manière totalement libre. Les grammairiens traditionnels ne l'ignoraient pas, qui soulignaient la solidarité du lien question/réponse. Mais ils n'ont pas accordé aux contraintes transphrastiques l'importance qui leur revient ; une des raisons est sans doute que la notion logique de proposition, qui sous-tend la définition de la phrase, n'incite guère à s'intéresser à ce qui dépasse les limites de cette dernière.

A) *Phrase et énoncé.* — Détachée de son contexte d'énonciation, une séquence comme **Hier je me suis baignée sous la pluie** se laisse comprendre mais pas complètement interpréter. A qui renvoie **je** ? Quel est le moment du temps visé par **hier** ? Ces deux questions peuvent recevoir une infinité de réponses différentes. La séquence a bien un sens (elle peut être traduite dans une langue étrangère), mais il est impossible de l'associer à un événement donné : la référence du sujet reste indéterminée et le moment du temps également ; on sait seulement que le moment visé se situe la veille du jour où la séquence est prononcée et que le sujet est celui qui dit **je** ; car elle peut être prononcée un nombre indéfini de fois par un nombre indéfini de personnes. Toutes les réalisations ou *occurrences* de cette séquence présentent un certain nombre d'invariants qui constituent précisément ce que l'on appelle *phrase.* Les réalisations effectives d'un schéma sous-jacent abstrait, ce sont les *énoncés.*

La *phrase* à proprement parler n'a pas de valeur de vérité. Seules les phrases analytiques en ont une : la prédication valant « dans tous les mondes possibles », la distinction *phrase/énoncé* disparaît. Pour qu'une valeur de vérité soit assignée à une séquence, il faut que l'ancrage spatio-temporel soit déterminé, que les valeurs référentielles soient fixées. La *phrase* est comme une formule logique comportant des variables ; l'*énoncé,* c'est la même formule logique, dans laquelle les variables ont été remplacées par des valeurs.

Les seules réalités empiriques auxquelles a affaire le grammairien sont les *énoncés* : suites de signaux sonores bien formées, effectivement prononcées ou de signes écrits réellement produits. Mais le grammairien ne cherche pas à décrire les énoncés en tant que tels. Ce qui l'intéresse, c'est la recherche, au travers des réalités singulières et multiples qui s'offrent à son observation, des propriétés communes à tous les énoncés d'une même famille, y compris de celles qui les mettent en mesure de prendre une valeur déterminée, c'est-à-dire de se rapporter à une situation donnée.

L'opposition *phrase/énoncé* peut être rapportée à la distinction *langue/parole* (ou *discours*) et à la distinction *compétence/performance.* La *phrase* relève du système, de la règle ; l'*énoncé* est la réalisation individuelle d'un schéma abstrait présent dans la langue ou dans la *compétence* du sujet parlant, qu'il s'agit de reconstruire. Toutefois, dans la pratique du discours grammatical, il est fréquent que *phrase* et *énoncé* soient employés l'un pour l'autre, ce qui généralement ne porte pas à conséquence. Quant aux exemples sur lesquels raisonne le grammairien, ils ont souvent un double statut de *phrase* et d'*énoncé.*

B) *Phrase et texte.* — Comme le remarque I. Tamba-Mecz « dans la mesure où *l'activité de communication*[1] se résume exceptionnellement à un seul acte énonciatif, donc à une seule phrase, il est fréquent qu'une succession d'actes énonciatifs se construise à partir des mêmes "repères référentiels", spatiaux et interlocutifs. » D'où la nécessité d'un « appareil formel » d'enchaînement interphrastique (*La sémantique,* PUF, « Que sais-je? », 1988, p. 119). Au nombre des phénomènes relevant de l'interphrastique, et qui justifient l'élaboration de ce qu'on appelle les *grammaires de texte* ou *de discours,* on peut citer :

— Les reprises par anaphore pronominale et par anaphore lexicale (ex. : **Pierre... Il...** ou **Le jeune homme... Il...**)[2].

— La distribution des temps, en relation avec celle des pronoms, adverbes et déterminants, dont Benveniste (*Problèmes de linguistique générale,* t. 1 et 2, Paris, Gallimard, 1966-1974), a montré qu'ils étaient responsables d'une certaine cohérence énonciative (opposition *histoire/discours*).

— L'emploi des connecteurs argumentatifs dont l'étude, appuyée sur les notions de *présupposition,* de *polyphonie* et de *topos,* permet de préciser la notion d'acte d'argumentation[3].

— Les règles qui gouvernent l'enchaînement des actes de langage dans les dialogues (cf. les travaux de

1. En italiques dans le texte.

2. Parmi les nombreux travaux sur l'anaphore, citons ceux de G. Kleiber et de J.-C. Milner. On trouvera une bibliographie des travaux les plus connus dans le n° 97 de la revue *Langages* intitulé « Aux confins de la grammaire. L'anaphore », mars 1990, et dans le volume XIV des *Recherches linguistiques,* « L'anaphore et ses domaines », Centre d'analyse syntaxique de l'Université de Metz, Paris, Klincksieck, 1990.

3. Cf. les travaux de J.-C. Anscombre et d'O. Ducrot, notamment *L'argumentation dans la langue,* Bruxelles, Mardaga, 1983. Voir aussi O. Ducrot, *Le dire et le dit,* Paris, Ed. de Minuit, 1984.

l'école de Genève en linguistique conversationnelle autour d'E. Roulet[1]).

Un énoncé étant la réalisation d'une phrase qui peut aller d'un mot à une suite théoriquement non bornée de propositions, et un texte pouvant contenir une suite indéfinie d'énoncés, l'analyse *du discours* a pour objet un champ illimité. Les points de vue à partir desquels les énoncés peuvent être étudiés sont multiples : approches quantitatives mettant en œuvre des méthodes statistiques, approches qualitatives visant à analyser les conditions de production et à établir un lien avec les idéologies ou à mettre à jour des structures narratives ou encore à dégager les caractéristiques de la langue d'un auteur[2].

C) *L'énonciation.* — Le terme d'*énonciation* est ancien dans la tradition grammaticale. C'est chez Bally qu'on le trouve sans doute pour la première fois avec un sens proche de celui qu'on lui donne actuellement. Le concept s'est précisé avec Jakobson (*Essais de linguistique générale,* trad. franç., Paris, Ed. de Minuit, 1963) et Benveniste *(op. cit.),* qui ont montré l'existence dans la langue de termes marquant l'appropriation du système par le sujet parlant (les *embrayeurs* de Jakobson et *les éléments de l'appareil formel de l'énonciation* : pronoms de première et de deuxième personnes, déictiques, marques temporelles de Benveniste). L'idée que la langue règle de l'intérieur l'activité énonciative a été approfondie et systématisée par A. Culioli, qui étudie les éléments de la langue, dans le cadre de la phrase, comme des traces d'opérations d'énonciation.

1. Cf. E. Roulet *et al., L'articulation du discours en français contemporain,* Berne, P. Lang, 1985.

2. Cf. D. Maingueneau, *Nouvelles tendances en analyse du discours,* Paris, Hachette, 1987. Voir aussi le n° 81, mars 1986, de *Langages,* « Analyse du discours, nouveaux parcours ».

Inspiré des réflexions du philosophe allemand Frege (1848-1925) sur la présupposition (*Ecrits philosophiques,* trad. franç., Paris, Le Seuil, 1971) des remarques de Benveniste et des travaux de la philosophie analytique anglaise sur la performativité, le linguiste français O. Ducrot, après avoir souligné la nécessité d'approfondir l'opposition langue/parole pour intégrer les phénomènes d'énonciation, a considérablement élargi le champ d'étude de la linguistique structuraliste « classique », en y incluant jusqu'aux faits d'argumentation (cf. *supra*)[1].

Contraintes transphrastiques et faits d'énonciation remettent en cause l'idée que la phrase limite pour l'essentiel l'horizon du grammairien. La découverte de ces phénomènes a contribué à relativiser le cadre de référence mis en place par la linguistique structuraliste (dans ses différentes variantes) et consolidé par la grammaire générative. La linguistique de l'énonciation, la linguistique du discours et la grammaire de texte montrent la nécessité d'aller « au-delà » de la phrase.

Par ailleurs le développement de certaines formes de linguistique discursive a abouti à remettre en cause le bien-fondé d'une étude de la phrase centrée sur les contraintes purement linguistiques. Ne prenant pas en compte la dimension sociale du langage, le grammairien et le linguiste « pur » se font souvent taxer d'idéa-

1. Sur l'énonciation on pourra se reporter à D. Maingueneau, *L'énonciation en linguistique française,* Paris, Hachette, 1991 et à plusieurs numéros de revue :

— DRLAV, 25, 1981, « Dans le champ pragmatico-énonciatif », notamment l'article de C. Fuchs, « Les problématiques énonciatives : Esquisse d'une présentation historique et critique », p. 35-60 ;
— Revue *Histoire, Epistémologie, Langage,* VII, 2, 1986, « Histoire des conceptions de l'énonciation » ;
— *Langages,* 73, mars 1984, « Les plans de l'énonciation » et *Langages,* 80, décembre 1985, « De l'énonciation au lexique » ;
— *L'Information grammaticale,* 55, octobre 1992.

lisme. En 1929 déjà, Bakhtine (*Le marxisme et la philosophie du langage,* trad. franç., Paris, Ed. de Minuit, 1977) faisait grief à Saussure de ne pas se soucier de la manière dont est utilisée la langue, des enjeux auxquels est lié son emploi. Le maître de Genève avait pourtant clairement expliqué que ce qui fonde le projet du linguiste, c'est l'hypothèse qu'il existe un niveau autonome de description. Une telle hypothèse n'implique nullement que ce niveau soit le seul légitime. Multiples sont les approches du langage. Celle du linguiste et du grammairien n'en est qu'une parmi d'autres.

## II. — Les parties de la grammaire

**I. La division traditionnelle.** — La plupart des ouvrages de grammaire d'inspiration traditionnelle sont organisés en trois parties : éléments de la parole (sons, lettres), éléments de l'oraison (les *parties du discours*), syntaxe. C'était le plan de la *Grammaire générale* de Beauzée. La *Grammaire de Port-Royal* ne comprenait même que deux parties, très inégales : la première consacrée aux « lettres » et aux « caractères de l'écriture », la seconde « aux principes » et aux « raisons sur lesquels sont appuyées les diverses formes de la signification des mots ». Sur les vingt-cinq chapitres de cette seconde partie, un seul est expressément dévolu à la syntaxe. Au fil des siècles, l'évolution se caractérise par un rééquilibrage en faveur de la syntaxe.

A) *Morphologie et syntaxe.* — Centrée sur l'écrit et sur le mot, la grammaire traditionnelle s'attache surtout à décrire les variations formelles des mots : dérivation et composition, flexion (variation selon le nombre et le genre, déclinaison, conjugaison). La morphologie s'appuie sur une classification des mots : les *parties du discours.*

Le nombre des parties du discours a varié au cours de l'histoire de la grammaire[1]. La *grammaire de Port-Royal* en reconnaissait huit : les noms, divisés en noms substantifs et noms adjectifs, les articles (le défini et l'indéfini, mais pas le partitif), les pronoms (personnels, démonstratifs et relatifs), les prépositions, « inventées pour le même usage [que les cas] qui est de marquer les rapports que les choses ont les unes aux autres » (p. 62), les adverbes (réduits aux adverbes de manière en **-ment**, cf. **sagement** = avec sagesse), les verbes « dont le principal usage est de signifier l'affirmation, c'est-à-dire de marquer que le discours où le mot est employé est le discours d'un homme qui ne conçoit pas seulement les choses, mais qui en juge et qui les affirme » (p. 66), les conjonctions (réduites aux conjonctions de coordination **et, ou, si, donc** et à la négation), et les interjections : « des mots qui ne signifient rien hors de nous mais sont des voix plus naturelles qu'artificielles qui marquent les mouvements de notre âme, comme **ah, ô, heu, hélas,** etc. » (p. 103). Beauzée, un siècle plus tard, en énumère huit également ; mais il introduit deux modifications importantes : d'une part, les noms et les adjectifs apparaissent dans deux classes distinctes ; d'autre part, les adjectifs déterminatifs sont séparés des adjectifs qualificatifs et regroupés avec les articles. Cette nouvelle catégorie est appelée *articles* par Beauzée. Ce sont nos futurs *déterminants.* Dans la tradition plus récente, illustrée par les premières éditions du *Bon usage,* on dénombrait neuf parties du discours : le nom, l'article, l'adjectif, le pronom, le verbe, l'adverbe, la préposition, la conjonction et l'interjection. Précisons que les adjectifs déterminatifs ont réintégré la classe des adjectifs. Actuellement la classe des déterminants est bien établie. La dernière édition du *Bon usage* distingue onze parties du discours : outre le nom, l'adjectif (qualificatif), le pronom et le verbe, l'adverbe et la préposition, on trouve donc le déterminant. La conjonction a éclaté en deux catégories : coordination et subordination. Enfin, deux nouvelles parties du discours invariables sont apparues : celle des introducteurs (**est-ce que, voici,** etc.) et celle des *mots-phrases* qui, en plus des interjections, regroupe tous les mots et locutions figées constituant des phrases.

Les définitions proposées par les grammaires traditionnelles font appel à des critères multiples : sens, fonction, variabilité, type de marque, place, rôle dans

1. Cf. A. Lemaréchal, *Les parties du discours. Sémantique et syntaxe,* Paris, PUF, 1989, et aussi *Langages,* n° 92, décembre 1988, « Les parties du discours ».

la construction de la phrase, mais ces critères interviennent rarement de manière conjointe. Le plus important est le critère morphologique (mots variables ou non, type de marque). Ainsi dans *Le bon usage* (12e éd.), le déterminant est d'abord défini comme un mot qui varie en genre et en nombre. C'est ensuite seulement qu'est caractérisé son rôle dans le fonctionnement de la langue : joint à un nom, le déterminant confère à celui-ci le statut de terme de la phrase, il l' « actualise ». De même, le pronom est d'abord présenté comme un mot qui varie en genre et en nombre. Vient ensuite la caractérisation proprement syntaxique : le pronom est susceptible d'avoir les diverses fonctions du nom (on devrait plutôt dire : du groupe nominal). Même chose encore pour le verbe, qui est d'emblée défini comme un mot qui se conjugue, c'est-à-dire qui varie en mode, en temps, en voix, en personne et en nombre. Ensuite seulement Grevisse précise que le verbe « est susceptible de servir de prédicat ou de faire partie du prédicat lorsqu'il y a un attribut du sujet... » (§ 737).

Autre conséquence du parti pris « morphologiste » de la grammaire traditionnelle : le traitement « atomisé » des phénomènes d'accord. L'évolution du *Bon usage* est à cet égard significative : alors que l'édition de 1969 ne traite l'accord que de manière éclatée (il en est question dans chacune des parties du discours variables), dans l'édition de 1986 on trouve un chapitre de syntaxe consacré à des généralités sur ces phénomènes de nature éminemment syntaxique. Au fil des éditions aussi, la place accordée aux règles d'accord du participe passé tend à diminuer.

Pourtant, bien que les grammairiens actuels, plus attentifs à la différence oral/écrit, reconnaissent que l'accord est un phénomène qui se marque surtout à l'écrit (la plupart des pages consacrées au nombre concernent surtout l'orthographe), ils ne tirent pas toujours les conséquences qui découlent de la différence entre les deux codes. Ainsi, pour tous les noms — sauf ceux qui se terminent en **-al** ou en **-ail** et quelques exceptions **(œil, ciel)** —, la seule manifestation du pluriel est la liaison ; or celle-ci est souvent décrite encore à partir de l'écrit. « On dit les **amis** parce qu'il y a un **s** à l'écrit ». Mais on pourrait présenter les choses tout autrement et dire par exemple que l'article défini connaît au pluriel deux formes : l'une [le] devant initiale consonantique et l'autre [lez] devant initiale vocalique, la langue écrite présentant une seule graphie : **les.**

L'approche « morphologiste » révèle dans certains cas des conceptions discutables du point de vue logico-sémantique. C'est le cas de l'accord des éléments du groupe nominal. Si le genre est bien une caractéristique intrinsèque du nom, le nombre, lui, est une variation liée au discours, aux besoins de la communication ; cela, tous les grammairiens le reconnaissent. Pourquoi dès lors, dire que le déterminant et l'adjectif qualificatif « prennent » le nombre du nom ? Assurément, certains noms ont un nombre fixe, en vertu de leur sens ou de leur origine ; il arrive aussi que l'alternance de nombre soit liée à deux acceptions différentes, mais ce n'est pas le cas général. D'où vient donc le nombre dans le groupe nominal ? Deux réponses sont envisageables : ou bien le nombre est un trait ou une caractéristique acquis en discours par l'ensemble du groupe nominal, ou bien il vient du déterminant, *i.e.* de l'élément qui, en français du moins, est responsable de la quantification (et de l'identification) du référent. Il est difficile de prétendre que dans **deux enfants fragiles,** c'est **enfant** qui donne son nombre à **deux...** En conséquence, on hésitera à dire que **fragile** s'accorde avec **enfants.**

Autre aspect de la conception « morphologiste » de la grammaire : la réduction d'un certain nombre de constructions syntaxiques à des phénomènes de flexion : ainsi il est question de *conjugaison passive,* de *conjugaison impersonnelle, de conjugaison pronominale* et même de *conjugaison interrogative.* Corrélativement, la partie consacrée à la syntaxe de la grammaire ne compte souvent ni chapitre portant sur la diathèse (la voix apparaît comme un paramètre qui fait varier la forme du verbe au même titre que le nombre ou la personne) ni chapitre sur les modalités.

Ce type d'approche renvoie à une conception des rapports diachronie/synchronie qui n'est pas toujours exempte de confusion. La plupart des grammaires traditionnelles présentent un chapitre de phonétique historique, ce qui est bien utile mais qui remplace trop souvent un exposé des relations entre phonie et graphie. En morphologie dérivationnelle, la distinction n'est pas toujours faite entre procédés de dérivation productifs et procédés non productifs, ni entre les informations qui relèvent de l'histoire du mot et le sentiment du sujet parlant. Ainsi, au nom de considérations historiques, la relation entre **bond** et **bondir** est présentée comme relevant à l'évidence de la *dérivation régressive* (formation d'un mot par suppression d'une syllabe finale) : **bondir → bond.** Or même si l'ordre logique coïncide ici avec l'histoire, il n'est pas sûr que le sujet parlant n'établisse pas la relation inverse : **bond → bondir** (= « faire des bonds »).

B) *Sens des mots. Sens des phrases.* — Traditionnellement, la morphologie dérivationnelle retient moins l'attention du grammairien que la morphologie flexionnelle. Les auteurs de la *Grammaire de Port-Royal* ne consacrent pas une ligne à la structure interne des mots ni aux procédés de formation des mots nouveaux ; pas davantage Beauzée ni Condillac. Il a fallu attendre le développement de la grammaire historique et comparée pour que les grammairiens commencent à s'intéresser aux variations autres que flexionnelles, ce qui présuppose la décomposition des mots en morphèmes ; par la suite, ils consacreront quelques chapitres à la formation des mots ; mais jamais autant qu'aux variations grammaticales. C'est que les variations formelles de type dérivationnel apparaissent fixées une fois pour toutes et de manière si peu prévisible qu'il est vain d'essayer d'en dégager les principes. Le mot apparaît comme le lieu de l'*idiosyncrasie* et c'est du dictionnaire qu'il relève ; la régularité est réservée à la phrase.

La grammaire traditionnelle se réduit donc souvent à l'étude des catégories grammaticales et des variations formelles réglées par un petit nombre de paramètres (on parlait autrefois d' « accidents »). A l'origine, ce qu'on appelle la syntaxe, « construction des mots ensemble », s'occupe des règles d'accord (« la convenance des mots ensemble », rapportée par Arnauld et Lancelot à des exigences de clarté dans le discours) et de la manière dont s'expriment les relations de dépendance (syntaxe de régime). Mais les unes et les autres ayant été étudiées à l'occasion des diverses parties du discours, il ne reste plus, selon les auteurs de la *Grammaire de Port-Royal,* qu'à énoncer un certain nombre de « maximes générales en usage dans toutes les langues », que l'on peut résumer ainsi : il n'y a jamais de sujet sans prédicat, tout adjectif suppose un substantif, le rapport de possession qu'exprime le génitif ou le complément en **de** n'existe qu'entre un nom et un nom, une même relation syntaxique peut être exprimée de différentes manières et parfois le changement de régime aboutit à la création de sens différents.

Cependant, l'organisation du discours n'étant pas toujours conforme à « l'expression naturelle de nos pensées », la grammaire doit en outre rendre raison de « quatre façons de parler qu'on nomme *figurées*[1] et qui sont comme autant d'irrégula-

1. En italiques dans le texte.

rités [...] quoiqu'elles soient quelquefois des perfections et des beautés dans la langue » (p. 107), à savoir la *syllepse* (accord par le sens), l'*ellipse* (mot sous-entendu), le *pléonasme* (mot en trop) et l'*hyperbate* (renversement de l'ordre naturel). Un siècle plus tard, Beauzée intégrera encore sous la rubrique « De la plénitude de la phrase » l'étude de la *syllepse*, de l'*ellipse* et du *pléonasme*, auxquels il ajoutera l'*énallage* (échange d'un temps, ou d'un mode) et *l'antiptose* (changement d'un cas pour un autre), et, dans le chapitre consacré à l'ordre de la phrase, examinera les différentes figures de construction : *hyperbate*, mais aussi inversion et *hypallage* (échange ou déplacement de qualifiants entre substantifs). Au titre des figures de construction, une partie de ce qu'on appelle les figures de rhétorique est donc considérée comme relevant de la grammaire. Cependant, l'étude des figures de mots et des figures de pensée prenant son autonomie (cf. Du Marsais, *Traité des tropes*, 1730, Le Nouveau commerce, 1977, et Fontanier, *Les figures du discours*, 1830, Paris, Flammarion, 1968), les traités de grammaire abandonnent les figures de construction à la rhétorique. Quelques-uns intègrent à la place une étude de la versification.

Le sens des mots, dans les grammaires traditionnelles n'est donc étudié que dans le cadre — étroit — de la morphologie dérivationnelle. Quelques indications sémantiques sommaires sont données à l'occasion de la définition des parties du discours et de la sous-classification (exemples : noms concrets/abstraits, verbes d'état ou d'action, etc.). Le reste est renvoyé aux dictionnaires, qui généralement traitent les mots comme des unités totalement séparées. Quant à la réflexion sur le sens des phrases, elle se limite souvent à quelques principes très généraux d'interprétation liés à la définition des fonctions syntaxiques. Faute d'une conception unifiée de la syntaxe (quel lien entre la syntaxe d'accord et celle de régime? quel est le fondement logico-sémantique des fonctions syntaxiques?), la grammaire traditionnelle ne propose aucune véritable sémantique de la phrase qui permette de comprendre comment une suite de mots syntaxiquement organisée produit une interprétation.

2. **Une nouvelle organisation de la grammaire.** — Cette conception morphologiste et atomiste de la grammaire a été soumise à une critique sévère de la part des linguistes structuralistes, et d'abord de Saussure lui-même. Les grammairiens générativistes de leur côté ont montré la nécessité de développer une approche plus globalisante et intégrée de la grammaire.

A) *La critique de Saussure.* — Saussure conteste d'une part l'autonomie de la morphologie (on ne peut traiter séparément forme et fonction) et d'autre part l'exclusion de la lexicologie ou « science des mots » hors de la grammaire (une même opposition peut, en effet, être rendue grammaticalement ou lexicalement) ; de plus, « tout mot qui n'est pas une unité simple et irréductible ne se distingue pas essentiellement d'un membre de phrase, d'un fait de syntaxe ; l'agencement des sous-unités qui le composent obéit aux mêmes principes fondamentaux que la formation des groupes de mots » (*Cours,* p. 187).

C'est autour de la distinction entre rapports syntagmatiques et rapports associatifs ou paradigmatiques que doivent, selon Saussure, se délimiter les domaines respectifs de la morphologie, de la syntaxe et de la lexicologie.

« Dès maintenant certaines parties de la grammaire traditionnelle semblent se grouper sans effort dans l'un ou l'autre de ces ordres : la flexion est évidemment une forme typique de l'association des termes dans l'esprit des sujets parlants ; d'autre part la syntaxe, c'est-à-dire selon la définition la plus courante, la théorie des groupements de mots, rentre dans la syntagmatique, puisque ces groupements supposent toujours au moins deux unités distribuées dans l'espace. Tous les faits de syntagmatique ne se classent pas dans la syntaxe, mais tous les faits de syntaxe appartiennent à la syntagmatique » (p. 188).

Bien qu'elle ne soit pas mentionnée dans ce passage, l'étude des unités irréductibles, les phonèmes, relève de plein droit de la grammaire. Celle-ci regroupe donc la phonologie, la morphologie, la lexicologie et la syntaxe.

Les incertitudes de Saussure sur le statut des unités syntagmatiques et particulièrement de la phrase expliquent sans doute — au moins en partie — que la syntaxe soit restée la « parente pauvre » de la linguistique structurale se réclamant du linguiste genevois[1]. Pour des raisons en partie analogues, liées à la conception qu'il se fait des relations langue/discours, Guillaume n'a pas proposé non plus de véritable théorie de la syntaxe. « En termes tout à fait généraux, on pourrait énoncer que la morphologie a pour objet la construction des unités de puissance et la syntaxe la construction des unités en effet. Le domaine de la morphologie, c'est le plan de la puissance, le domaine de la syntaxe, le plan de l'effet » (*Leçons de linguistique,* 1948-1949, série C, Klincksieck, 1973). La relative désaffection dont souffre la syntaxe dans la théorie de Guillaume s'explique, selon les auteurs des *Mots de Gustave Guillaume* (article **syntaxe,** p. 179) par « l'intérêt porté à la langue, au vocable, qui est son unité, à la typologie génétique, à la morphologie de mot, aux systèmes, plutôt qu'aux énoncés »[2].

B) *Les composantes d'une grammaire générative.* — Une grammaire générative prétend décrire l'ensemble du savoir linguistique inconscient du sujet parlant (= sa *compétence*). Or ce savoir inclut la connaissance du sens des mots dont le locuteur se sert quand il produit ou

1. Tesnière, on l'a déjà signalé, est l'un des rares linguistes français à avoir accordé une place centrale à la syntaxe. Son ouvrage théorique fondamental, *Eléments de syntaxe structurale*, a paru en 1959, cinq ans après sa mort.

2. C. Douay et D. Roulland, *Les mots de Gustave Guillaume,* Presses Universitaires de Rennes, 1990.

quand il interprète les phrases de sa langue. Le vocabulaire se trouve donc intégré à la grammaire. Une partie des indications fournies par les dictionnaires sur la forme et le sens est récupérée par le grammairien qui ajoute des indications grammaticales. Le *lexique* est l'ensemble ordonné des unités lexicales caractérisées phonologiquement, sémantiquement et syntaxiquement. Outre le *lexique,* la grammaire comprend un ensemble de règles organisé en plusieurs *composants* :

— le *composant syntaxique,* qui compte deux sous-composants : le *composant catégoriel* constitué de règles définissant la structure de constituants et le *composant transformationnel* ; celui-ci, dans les dernières versions du modèle générativiste, s'est progressivement réduit jusqu'à ne plus compter qu'une seule règle de déplacement (« move α ») ;
— le *composant phonologique,* responsable de la structure phonique de la phrase ;
— le *composant sémantique* ou *logique,* chargé de caractériser les propriétés logiques et sémantiques de la phrase.

Outre ces composants, la grammaire comprend une série de *modules* ou *théories* qui régissent leur fonctionnement :

— la *théorie des bornes* ou *des barrières,* qui formule les conditions sur certains processus ou éléments reliés, pour interdire, par exemple, l'extraction à l'intérieur d'un GN complexe, cf. **Quel enfant crois-tu que Marie préfère** *vs* ***Quel enfant rejettes-tu l'idée que Marie préfère** (exemple d'A. Rouveret, Présentation de *La nouvelle syntaxe,* Paris, Le Seuil, 1987, p. 40) ;
— la *théorie du gouvernement,* qui définit le domaine des relations syntaxiques (relations entre l'élément-tête avec son « spécifieur » d'une part et avec son « complément » de l'autre) ;
— la *thêta-théorie* qui assigne les *rôles thématiques* (ou *thêta-rôles),* tels que « agent », « objet », aux différents arguments ;
— la *théorie du liage,* qui se rapporte aux relations entre les réfléchis, les pronoms, les noms, les « variables » (= pronoms interrogatifs et relatifs) et leurs antécédents ;
— la *théorie des cas abstraits* qui traite de l'assignation du *cas abstrait* (nominatif, etc.) et de ses réalisations morphologiques (tous les cas ne sont pas marqués) ;

— la *théorie du contrôle,* qui détermine la référence que peut avoir l'élément abstrait PRO (sujet implicite, cf. **Jean permet à Marie de rester**).

A chaque phrase de la langue se trouve donc associé un ensemble de représentations structurelles qui définissent chacune un niveau spécifique :

— la *D-structure* ou *structure profonde* représente les relations de sélection lexicale et de sous-catégorisation des éléments lexicaux (puisque ceux-ci sont insérés dans les cadres définis par les règles du composant catégoriel en fonction de leurs propriétés) ;
— la *S-structure* représente les relations hiérarchiques que contractent les différents constituants de la phrase et, à l'intérieur de ces constituants, les éléments qui les composent. La *S-structure,* qui ne se confond pas avec l'ancienne structure de surface des modèles antérieurs, « résulte de l'application de la règle transformationnelle de déplacement, en conformité avec les principes définis dans les différents modules, notamment selon la théorie des bornes » ;
— la *Forme logique* est le niveau où les propriétés sémantico-logiques fondamentales de la phrase, « comme la portée des éléments quantificateurs ou de l'opérateur de prédication, les relations entre éléments interrogatifs et variables, sont représentées » ;
— la *Forme phonologique* enfin, également appelée « structure de surface », est « une représentation de la forme superficielle de l'énoncé effectivement produit, en particulier de sa structure phonique » (A. Rouveret, *op. cit.,* p. 29-30).

En droit, tous les composants relèvent donc de la grammaire au même titre, y compris le lexique; et tous les niveaux de représentation sont nécessaires à la description des phrases d'une langue. Si le composant syntaxique a jusqu'ici davantage retenu l'attention que le composant phonologique ou que le composant logico-sémantique, et aussi que le lexique, c'est sans doute en raison d'une certaine pesanteur de la tradition, mais c'est aussi parce que, pour les générativistes, comme pour beaucoup d'autres linguistes, la syntaxe occupe une place charnière entre la forme et le sens.

En dépit de divergences théoriques parfois profondes (sur les relations syntaxe/sémantique, sur le rôle de la structure logique, sur le choix des concepts fondamentaux — règles ou opérations —), et des désaccords sur la perspective dans laquelle il convient d'appréhender l'étude de la langue (génétique, fonctionnelle, statique ou dynamique (= opérative)), un consensus se dégage assez largement parmi les linguistes contemporains sur la nécessité de ne pas cantonner la recherche des régularités à la morphologie et à la syntaxe, d'intégrer le lexique dans la grammaire, de distinguer des niveaux de représentation et de mettre à jour les relations qui les unissent, enfin de représenter de manière systématique et explicite le fonctionnement des unités.

C) *Lexique et grammaire.* — Si les linguistes sont d'accord pour intégrer le lexique dans la grammaire, *i.e.* dans la description globale d'une langue, ils ne conçoivent pas tous de la même manière la part qu'il convient d'accorder respectivement à la description des mots et à l'établissement des règles qui gouvernent leurs combinaisons. Des dissensions sont apparues rapidement parmi les tenants de la grammaire générative entre ceux qui considèrent que, la régularité primant dans les langues, il importe avant tout de formuler des règles et ceux qui, constatant au contraire l'importance des irrégularités, estiment nécessaire d'examiner plus à fond le comportement des unités lexicales, avant de se risquer à des généralisations. Dès les années soixante-quinze, le linguiste français M. Gross dénonçait le caractère mal assuré de certaines règles proposées par des générativistes et appelait à étudier de plus près le comportement syntaxique des unités lexicales, afin de mieux évaluer le domaine d'application des règles (*Méthodes en syntaxe,* Paris,

Hermann, 1975)[1]. Liant le primat accordé à la règle au haut degré d'abstraction du modèle générativiste et à son formalisme complexe, il rejetait le cadre théorique élaboré par N. Chomsky et l'objectif assigné par celui-ci à la linguistique : découvrir la grammaire universelle sous-jacente aux grammaires particulières et déterminant les processus d'apprentissage. M. Gross proposait, adoptant le modèle de Z. Harris, plus proche des formes de surface et suffisamment abstrait quand même pour représenter la plupart des phénomènes syntaxiques, de construire un *lexique-grammaire,* c'est-à-dire une description systématique des mots axée sur les propriétés syntaxiques (distributionnelles et transformationnelles) rendant compte de leur emploi dans les phrases. Depuis plus de vingt ans, l'équipe du LADL (Laboratoire d'automatique documentaire et linguistique) réunie autour de M. Gross, convaincue que la prise en compte de la totalité du lexique est nécessaire pour assurer les connaissances en syntaxe, développe un ambitieux programme de recherche portant sur un ensemble de plusieurs milliers d'unités syntaxiques. Centrée d'abord sur les verbes, puis sur les parties du discours invariables (conjonctions, adverbes), elle s'étend maintenant aux noms et aux adjectifs, en relation directe avec les *verbes supports* (**avoir, être, mettre,** etc.). Le lexique-grammaire du LADL alimente une série de « dictionnaires électroniques », *i.e.* de lexiques accessibles aux ordinateurs, utilisables pour le traitement automatique des textes[2].

1. Voir sa « Présentation » à *La structure des phrases simples en français,* de J.-P. Boons, A. Guillet et C. Leclère, Droz, 1976, et son article « On the failure of Generative Grammar » paru dans la revue américaine *Language,* 1979, LV, 4, p. 859-885.

2. On trouvera dans *Langue française,* 87, septembre 1990, « Dictionnaires électroniques », une présentation des nouveaux programmes de recherche du LADL et une bibliographie des principaux travaux portant sur le *lexique-grammaire.*

Lexique ou syntaxe ? Etude des unités ou élaboration de règles ? Le choix met en cause deux conceptions différentes de la linguistique, voire de l'activité scientifique. Le débat tourne volontiers à la querelle épistémologique et à la polémique. Ce qui importe ici, c'est de souligner que bien qu'étant opposés dans leurs objectifs et dans leurs instruments, les deux programmes fécondent la recherche en grammaire française depuis une vingtaine d'années, s'avérant plus complémentaires que contradictoires.

En dépit de leurs divergences sur la manière dont il convient d'évaluer le rapport régulier/irrégulier dans la langue (débat qui reprend d'une certaine façon la vieille querelle des analogistes et des anomalistes), les linguistes contemporains, quelle que soit leur appartenance d'école, ne conçoivent pas une approche de la grammaire qui ne soit pas globalisante. S'ils ne sont pas d'accord sur le type de formalisme et sur le degré d'abstraction, tous reconnaissent la nécessité de construire un cadre théorique cohérent et contraignant, de dépasser le niveau de l'observable et de forger un métalangage adéquat. Ainsi B. Pottier écrit dans la préface de sa *Linguistique générale* (Paris, Klincksieck, 1974) : « Le linguiste part de l'observable pour construire une hypothèse sur le non-observable directement, afin de rendre compte d'une façon plus cohérente de ses nouvelles observations. » Et on peut lire sous la plume de G. Moignet, parlant du système de pensée qu'est la langue : « On ne peut y atteindre que par une réflexion théorique, une remontée de l'observable à l'hypothèse explicative et intégrante. La langue est une construction sur le plan du virtuel : le linguiste ne la décrit qu'en avançant des hypothèses, réussies si elles sont capables d'embrasser de façon cohérente la masse des faits visibles. L'idéal serait de retrouver l'ensemble des hypothèses qui, réunies, forment la théorie qu'est la langue » (Préface à *Systématique de la langue française,* Paris, Klincksieck, 1981, p. x). Quant à la nécessité d'un métalangage, elle n'a cessé d'être affirmée depuis que les linguistes affichent leur prétention à faire œuvre scientifique. « On ne peut traiter des propriétés formelles sans une construction métalinguistique, écrivait encore récemment A. Culioli. Il nous faut déclarer de façon explicite quels sont les termes primitifs, avec lesquels nous opérons, les principes, les schémas, les catégories, les opérations » (*op. cit.,* p. 21). Et s'ils divergent sur la manière de l'appliquer, aucun ne conteste le bien-fondé du principe énoncé par Guillaume dès 1944, selon lequel la linguistique doit allier « une observation fine du concret » et la « réflexion profonde abstraite ». « Le va-et-vient d'un extrême à l'autre est une méthode féconde d'investigation scientifique », ajoutait en note le linguiste (in *Langage et science du langage,* p. 143).

Chapitre III

# CONSTRUIRE LA GRAMMAIRE D'UNE LANGUE

S'il ne lui appartient pas de définir les principes épistémologiques et méthodologiques de l'étude des langues, le grammairien a à s'interroger sur la nature de l'objet qu'il cherche à décrire et à réfléchir aux problèmes de méthode que soulève l'élaboration d'une description.

## I. — La compétence

Bien qu'il ne soit pas utilisé par tous, le terme de *compétence,* qui concurrence celui de *langue* mis en avant par Saussure, est bien ancré dans l'usage des linguistes et des grammairiens, et même dans celui des non-spécialistes. Il fait par ailleurs l'objet de nombreux emplois hors du champ strictement linguistique.

1. **Un objet homogène?** — Tous les membres d'une même communauté linguistique ne parlent pas de la même manière : prononciation (« l'accent »), constructions syntaxiques, vocabulaire, morphologie varient de manière très perceptible avec les zones géographiques (régionalismes), la structure sociale et les conditions de la communication (« registres » ou « niveaux de langue »). La compétence des sujets parlant la même lan-

gue n'est donc que partiellement identique. Comme le remarquait déjà Saussure, la langue n'est complète chez aucun individu, « elle n'existe parfaitement que dans la masse » (*Cours,* p. 30). La langue — ou compétence — est donc un objet idéalisé.

A) *Une idéalisation nécessaire.* — Sauf à renoncer à rendre compte de ce qui fait que les membres d'une même communauté linguistique, en dépit des variations évoquées, se comprennent au moins en partie, celui qui décrit une langue est obligé de procéder à une idéalisation du réel et de prendre pour objet un « auditeur-locuteur idéal ». Comme le rappelle N. Chomsky, les grammairiens et les linguistes n'ont jamais procédé autrement, sauf quand ils étaient dans l'impossibilité de le faire. Ils ont toujours — ou presque — « fait comme si » la performance reflétait directement la compétence. Une telle idéalisation ne méconnaît nullement le fait que les communautés linguistiques réelles ne sont pas homogènes, au contraire. Comme le remarque N. Chomsky (*Règles et représentations,* 1980, trad. franç., Paris, Flammarion, 1985), les résultats auxquels sont parvenus ceux qui y ont eu recours font hésiter à condamner l'idéalisation et à lui imputer les lacunes et les imperfections qui entachent les descriptions qu'ils proposent. Qui plus est, l'étude des invariants, qui suppose une telle procédure, est très certainement une condition nécessaire à la saisie et à la compréhension des variations, du moins dans une large mesure.

Un autre aspect de la compétence doit être précisé, qui montre bien la nécessité de procéder à une idéalisation des données : à la différence de la performance, la compétence est neutre vis-à-vis de la distinction émetteur/récepteur. C'est pourquoi N. Chomsky parle de *locuteur-auditeur* (idéal). Mais il n'y a là rien de nouveau : la plupart des descriptions ne privilégient pas le point de vue du décodage ou celui de l'encodage — du moins de manière conséquente.

S'il ne fait pas de doute que le principe d'idéalisation est une condition nécessaire à l'étude de la langue, son application, elle, est problématique. Admettons que la distinction entre faits de compétence et faits de performance aille à peu près de soi ; comment déterminer le savoir du locuteur-auditeur idéal ? Comment délimiter les contours de ce que Saussure appelait « la masse » ? En d'autres termes, quels types d'énoncés va-t-on retenir, à partir desquels dégager la structure de la langue ? Et s'il est besoin d'utiliser les données de l'introspection, à qui va-t-on s'adresser ? C'est la question du choix du *niveau de langue* et de *la variété dialectale* (articulée à celle du code oral/écrit) qui est posée. La grammaire, c'est-à-dire le résultat de la description d'une langue, ne sera pas la même si l'on retient les énoncés des « bons auteurs » ou ceux des habitants de telle région ou des membres de telle classe sociale. L'idéologie, *i.e.* le masquage des valeurs qui président au choix, peut fonctionner ici à plein.

B) *Le traitement des variations.* — S'étant dégagé non sans mal de l'emprise de la langue littéraire, le linguiste cherche, la plupart du temps, à mettre à jour les structures de la variété de langue maîtrisée par le maximum de sujets parlants et donnant lieu à la plus large intercompréhension. C'est la langue dite *standard.* Etablie souvent sur les bases du jugement intuitif de celui qui décrit et de celui de quelques informateurs, la *langue standard* est tributaire de l'origine géographique et de l'appartenance socioprofessionnelle de ce dernier. Cependant, depuis les débuts de la linguistique, des chercheurs s'intéressent aussi aux variétés non-standard : variétés régionales *(dialectologie)* et sociales *(sociolinguistique)*. De plus en plus se développent des études sur le français parlé[1].

L'opposition *standard/non-standard* ne recoupe pas l'opposition *acceptable/non acceptable* ou *grammatical/non grammatical.* Comme le rappelle F. Gadet (*Le français ordinaire,* Paris, Armand Colin, 1989, p. 28), la grammaire générative « a montré que la distinction essentielle pour une langue est la partition entre possible et impossible, entre ce qui se dit et ce qui ne se dit pas (grammatical/non grammatical). Et cette partition transcende les oppositions sociales, car standard/non-standard se trouvent du même côté de la frontière, celui du possible. Il y a plus de différence entre une séquence possible et une séquence impossible qu'entre une séquence standard et une séquence non-standard ». La distance est plus grande entre **De qui aimes-tu la fille?** (grammatical) et ***De qui t'intéresses-tu à la fille?** (agrammatical) qu'entre **De qui aimes-tu la fille** (standard) et **De qui que tu aimes la fille?** (non-standard). Il ne faudrait donc pas croire que les jugements de grammaticalité s'énoncent toujours en termes de tout ou rien. Nombreux sont ceux qui requièrent une gradation. C'est le cas de **C'est qui que tu aimes**? (non-standard) qui est considéré comme moins grammatical que **Qui est-ce que tu aimes**? mais pas comme vraiment agrammatical : on le rencontre dans un usage non-standard.

Comme le remarque F. Gadet, il n'y a pas égalité entre standard et non-standard parce que les jugements linguistiques se doublent toujours de jugements sociaux. Plus difficile à explorer, le non-standard reste mal connu. Au contraire, le niveau standard, qui coïncide pour l'essentiel avec l'usage des classes favorisées

1. Voir notamment les travaux du GARS (Aix-en-Provence) et la revue *Recherches sur le français parlé.*

et qui continue à bénéficier du prestige de la littérature et du soutien de l'écrit, apparaît comme le « niveau de référence ».

Les variétés non-standard doivent-elles être décrites à partir de niveau standard ou de manière indépendante, ou bien faut-il imaginer « un supersystème qui couvre à la fois le standard et non-standard » ? (F. Gadet, p. 32)[1]. Il est sans doute prématuré d'espérer donner à cette difficile question une réponse quelque peu consistante. Une telle réponse exige en effet un avancement considérable des travaux descriptifs de toutes les variétés. De l'avancée de ces travaux dépend également le traitement des changements linguistiques.

2. **Les manifestations de la compétence.** — Le sujet parlant manifeste sa compétence ou savoir grammatical intériorisé par deux types d'activités langagières : une activité proprement linguistique et une activité d'un autre ordre, qu'on appelle *métalinguistique*. Quand il se livre à la première, le sujet parlant utilise le langage pour parler du monde ou pour agir sur autrui ; dans le second cas, il utilise le langage pour parler du langage lui-même. L'activité linguistique consiste à produire et à comprendre des phrases ou plutôt des énoncés de la langue en nombre illimité ; l'activité *métalinguistique* consiste en la formulation de jugements portant sur des unités de la langue. Cette activité est parfois appelée *épilinguistique* (A. Culioli) pour la distinguer, d'une part, de la formulation d'énoncés exprimant un savoir grammatical construit par la théorie (le savoir de grammairien) et, d'autre part, de l'emploi réflexif ou *autonymique* du langage (Exem-

1. Pour un prolongement de la réflexion, on pourra se reporter à J.-C. Milner, 1989, *op. cit.* On trouvera dans l'ouvrage de F. Gadet cité ci-dessus une bibliographie des principaux travaux de sociolinguistique et de linguistique variationniste.

ples : **Le mot « liberté » signifie pour moi « absence de toute contrainte ». Le mot « liberté » a sept lettres. Pourquoi as-tu dit « nègre »**?, etc.).

A) *Les jugements d'acceptabilité.* — Ce qui permet de dire d'un individu qu'il sait le français, c'est non seulement sa capacité à produire et à comprendre n'importe quelle phrase de français, mais aussi son aptitude à établir une discrimination entre les séquences qui appartiennent au français et celles qui ne lui appartiennent pas, *i.e.* à établir une partition entre phrases grammaticales et phrases non grammaticales. Mais qu'est-ce qu'une phrase grammaticale? S'agit-il d'une séquence qui respecte uniquement les règles formelles (phonologiques, syntaxiques et morphologiques) aux dépens éventuels de la cohérence logique **(Les corbeaux noirs sont blancs)** ou de sémantique **(La table mange radicalement toute la nuit)**? Le sentiment de la grammaticalité ou bonne formation n'est-il pas sous la stricte dépendance de la norme (correct *vs* incorrect)? Quels rapports y a-t-il entre grammaticalité et compréhension immédiate ou production spontanée? Y a-t-il un degré de complexité au-delà duquel une phrase cesse d'être grammaticale? D'abord convaincus de la possibilité de démarquer nettement forme et sens, les linguistes générativistes ont proposé de distinguer *grammaticalité* (phrases formellement bien construites), *interprétabilité* (phrases bien formées sémantiquement et logiquement) et *acceptabilité* (phrases conformes aux capacités de mémoire immédiate et de production spontanée). Mais, compte tenu de la difficulté qu'il y a dans certains cas à délimiter clairement les domaines respectifs de la syntaxe et de la sémantique, les linguistes préfèrent actuellement utiliser le terme plus vague et plus neutre d'*acceptabilité* (l'emploi de ce terme pour caractériser les phrases du point de vue de la performance ayant été abandonné). Est *acceptable* une phrase qui non seulement est conforme aux règles formelles de la langue, mais qui encore ne soulève pas de difficultés d'interprétation et ne présente pas de contradiction logique. Cette définition n'évite évidemment pas les divergences et les flottements, mais elle a mis utilement fin à une stérile querelle qui ne pourra se régler qu'avec l'élaboration d'une théorie articulant de manière détaillée et complète les propriétés de forme et de sens.

On a vu que les jugements d'acceptabilité doivent parfois être formulés en termes de degrés, afin que ne soient pas rejetées dans la catégorie de l'impossible les formes non-standard. De cette décision dépend l'étendue du domaine décrit. Toutefois, il faut bien voir, comme le souligne J.-C. Milner (1989, p. 56), que, même gradué, un jugement oscille entre deux pôles; autrement dit, « qu'il est toujours ramenable à une bivalence ». Pour ce qui est de la compétence du sujet parlant, le point fondamental, c'est sa capacité à formuler un jugement d'acceptabilité, c'est-à-dire à opérer une partition, à émettre, comme dit J.-C. Milner, « un jugement différentiel ». Et il faut préciser avec ce linguiste que ce jugement est forcément normatif, en dernier ressort. En effet, « puisque les données affectées du signe négatif peuvent parfaitement être réalisées, le jugement "ceci ne se dit pas" est un jugement modal : "ceci se dit, mais ne doit pas se dire" » (*op. cit.,* p. 56).

B) *Ambiguïtés.* — Les jugements des sujets parlants portent également sur la possibilité de comprendre une phrase donnée de manière unique ou non, de lui assigner, comme on dit, une ou plusieurs *lectures* ou *interprétations.*

Ainsi, en vertu de la connaissance qu'il a de sa langue, le locuteur francophone peut dire, hors contexte, que les phrases suivantes sont ambiguës :

(1) Les traductions de Baudelaire sont excellentes.
(2) Le portrait de Marie est raté.
(3) Paul a loué une maison.
(4) J'ai proposé à Jean de partir.
(5) Marie a trouvé ce détail amusant.

Au grammairien, bien sûr, d'analyser la source des ambiguïtés et de distinguer entre ambiguïtés syntaxiques et ambiguïtés lexicales (certaines phrases combinent les deux). Le sujet parlant, lui, est capable de distinguer les interprétations et même sans doute de fournir des gloses explicitant chacune d'elles; ainsi pour (1) « On a traduit Baudelaire » ou « Baudelaire a traduit quelqu'un », pour (2) « Le portrait fait par Marie » ou « Le portrait représentant Marie » ou encore « Le portrait appartenant à Marie est raté », pour (3) « Paul a mis ou pris une maison en location », pour (4) « J'ai proposé à Jean qu'il parte » ou « que je parte » ou encore « que lui et moi partions », enfin pour (5) « Marie a trouvé que ce détail est amusant » ou « Marie a découvert ce détail amusant ».

Le sujet parlant est également en mesure d'établir des relations de paraphrase, *i.e.* de dire si deux phrases ont le même sens ou non; par exemple que (6) signifie la même chose que (7) mais que (8) n'a pas le sens de (9) ou plutôt qu'une interprétation de (9) est différente de celle de (8) :

(6) La guerre a détruit toutes les habitations.
(7) Toutes les habitations ont été détruites par la guerre.
(8) Un seul homme n'aime pas Marie.
(9) Marie n'est pas aimée d'un seul homme.

La relation de paraphrase est présentée habituellement comme fondée exclusivement sur l'identité des conditions de vérité : (6) et (7) sont vrais et faux dans les mêmes conditions; ce n'est pas le cas de (8) et de (9). Cela ne veut pas dire que (6) et (7) s'emploient indifféremment : pour une question de thématisation, le passif peut être préféré à l'actif ou le contraire. De même, on n'emploie pas dans n'importe quelles circonstances les énoncés **On a vendu beaucoup de romans cet été/Beaucoup de romans ont été vendus cet été/Beaucoup de romans se sont vendus cet été/Il s'est vendu beaucoup de romans cet été/Il a été vendu beaucoup de romans cet été.**

Ambiguïté et paraphrase ont été assez longtemps considérées comme les seuls « domaines » concernés par l'activité métalinguistique. Mais avec le développement des études de sémantique, on s'est rendu compte que d'autres mises en relation relevaient de la compétence du sujet parlant : notamment l'inférence et l'antonymie (cf. R. Martin, *Inférence, antonymie et paraphrase,* Paris, Klincksieck, 1976, et O. Ducrot, 1972, *op. cit.*). Un sujet parlant est en effet capable de saisir les relations d'implication qui unissent les phrases, qu'il s'agisse d'implication double ou *présupposition* comme celle qui relie **La maison de Marie me plaît** à **Marie a une maison** ou **Pierre a cessé de battre sa femme** à **Pierre battait sa femme,** ou d'implication simple, comme celle qui relie **Marie a un marteau** à **Marie a un outil** ou **Paul aime cette fille** à **Paul aime une fille.**

Et s'il ignore les relations logiques définies par le carré d'Aristote[1], le sujet parlant peut dire qu'il n'est pas possible de conjoindre dans une même phrase les

1. Le carré d'Aristote récapitule les relations logiques qui unissent les quatre propositions suivantes :

> Tous les hommes sont mortels.
> Aucun homme n'est mortel.
> Quelques hommes sont mortels.
> Quelques hommes ne sont pas mortels.

Pour une présentation et un commentaire, voir O. Ducrot, 1972, *op. cit.,* p. 230-232.

propositions **Pierre est content** et **Pierre n'est pas content,** ni **Pierre est plus grand que Paul** et **Pierre est plus petit que Paul,** etc. Bref, la compétence se manifeste aussi par l'aptitude à formuler des jugements sur les liens de compatibilité et d'incompatibilité qu'entretiennent les phrases et à construire des antonymes lexicaux et grammaticaux variés.

C) *La compétence lexicale.* — Longtemps considéré, on l'a vu, comme le lieu des irrégularités et des *idiosyncrasies, i.e.* des particularités irréductibles, le lexique se découvre, depuis le développement de la grammaire générative, comme un domaine où s'exerce aussi la compétence du sujet parlant : les morphologues parlent, pour les mots construits, de *compétence lexicale,* faisant l'hypothèse que le sujet parlant dispose d'un ensemble de règles lui permettant de produire et de comprendre les mots (construits) attestés, d'en comprendre qu'il n'a jamais entendus auparavant et d'en construire de nouveaux qui seront ou non retenus par l'usage. Déjà Saussure faisait remarquer : « Quand un mot comme **indécorable** surgit dans la parole, il suppose un type déterminé et celui-ci à son tour n'est possible que par le souvenir d'un nombre suffisant de mots semblables appartenant à la langue (**impardonnable, intolérable, infatigable,** etc.) » (*Cours,* p. 173).

Dans les débuts de la grammaire générative transformationnelle, les mots dérivés (essentiellement les noms d'action dérivés de verbes) étaient traités à l'aide de transformations dites de *nominalisation* par réduction d'une phrase à un syntagme nominal (**Marie est arrivée à Paris → L'arrivée de Marie à Paris**), ce qui a conduit un certain nombre de linguistes à considérer que seuls les mots ainsi traitables présentaient des régularités. Le passage au modèle lexicaliste, dans lequel le composant transformationnel s'est considérablement allégé et où, corrélativement, le composant lexical s'est alourdi, a véritablement ouvert la voie à l'étude du lexique. Le nouvel état de la théorie (grammaire modulaire) n'a pas remis en cause l'importance du lexique, bien au contraire, puisque les mots se sont vu octroyer des propriétés naguère dévolues aux phrases en tant que structures.

En matière de lexique, la compétence métalinguistique ou épilinguistique du sujet parlant se manifeste enfin par l'aptitude à départager mots *possibles* et mots *impossibles.* Cependant, les jugements des sujets parlants sont souvent gauchis par la confusion avec une autre opposition : celle qui distingue les mots *attestés* des mots *non attestés.* Comme le remarque D. Corbin (*op. cit.,* p. 69), « tout se passe comme si, par l'intermédiaire de mécanismes qu'il appartient au sociologue d'étudier, la société ou la communauté linguistique relayée notamment par le système scolaire et par ses avatars, imposait au locuteur une "image légitime" du lexique construit non superposable aux produits potentiels de la compétence dérivationnelle ». L'accès à la *compétence lexicale* du locuteur est donc limité et délicat. Il exige plus de précautions et de prudence encore que l'accès à la compétence syntaxique.

3. **Extension de la notion de compétence.** — De nombreux chercheurs intéressés par l'activité langagière utilisent le terme de *compétence* en dehors du champ étroit délimité par les rapports forme/sens. De la part de certains d'entre eux, la définition chomskyenne de ce terme a du reste été l'objet de vigoureuses critiques.

A) *Compétence linguistique / compétence pragmatique.* — Sous l'influence des « philosophes du langage ordinaire » (Wittgenstein, Austin, P. F. Strawson, H. P. Grice, J. R. Searle), qui ont montré l'importance des « conditions d'emploi » dans l'interprétation des phrases et dans le fonctionnement de certaines unités linguistiques, N. Chomsky a proposé de faire une place, à côté de la compétence linguistique, à la *compétence pragmatique,* celle-ci étant définie comme « ce qui dispose la langue sur la scène institutionnelle de son emploi, qui met les intentions et les buts en rapport avec les moyens linguistiques disponibles » (*Règles et représentations,* p. 211-212). L'une et l'autre doivent permettre l'élaboration d'une théorie de la performance qui rende compte de la production effective des énoncés en contexte.

Reste à préciser les relations qu'entretiennent ces deux compétences. Faut-il parler d'un composant pragmatique ? Si oui, comment s'intègre-t-il aux autres (s'il s'y intègre) ? C'est hors de la grammaire générative qu'il faut chercher la réponse à ces questions (par exemple dans les travaux d'O. Ducrot, de R. Martin et d'A. Culioli). Dans le cadre génératif lui-même, la description de la *compétence pragmatique* en est restée à un stade purement programmatique. Ce qui n'a rien d'étonnant : il y a peu à en attendre pour la détermination de la « grammaire universelle ».

B) *Autres compétences.* — En réaction contre la grammaire générative accusée, comme l'avait été la linguistique saussurienne, d'évacuer le social, l'ethnologue américain D. H. Hymes a proposé, à la fin des années soixante[1], de remplacer *compétence linguistique* par *compétence de communication,* pour désigner l'ensemble des aptitudes mises en œuvre par les membres d'une communauté socioculturelle particulière lors-

1. Trad. franç., *Vers la compétence de communication,* Paris, Hatier, Crédif, 1984. Les textes de D. H. Hymes rassemblés dans cet ouvrage s'échelonnent de 1966 à 1982.

qu'ils utilisent de manière appropriée les systèmes de signes qui sont à leur disposition. Pour étudier cette *compétence de communication,* D. H. Hymes invitait plusieurs disciplines à collaborer : outre la « linguistique formelle », la psychologie, la logique conversationnelle, la sociologie interactionniste et même la théorie de l'activité communicationnelle de J. Habermas. De nombreux travaux en ethnographie de la communication se situent dans cette perspective ou ont été influencés par elle. La notion de compétence de communication est également présente de manière plus ou moins explicite chez les interactionnistes, tels Goffmann, qui s'intéresse à la capacité interactionnelle sous-jacente à la conduite des individus, et chez les ethnométhodologues, comme H. Garfinkel, qui étudie la faculté d'interprétation que tout individu savant ou ordinaire possède ou met en œuvre dans ses activités pratiques quotidiennes[1].

Le concept de *compétence de communication* a connu et connaît encore un vif succès dans le domaine de la didactique des langues maternelles et secondes. Bien qu'il donne parfois lieu à de curieuses distorsions, il a contribué à renouveler et à enrichir l'approche des stratégies en matière d'apprentissage et d'acquisition[2].

Dans les champs connexes de la linguistique, le terme de *compétence* a connu une singulière fortune. Il est utilisé pour désigner toutes sortes de savoir-faire liés de près ou de loin à la production et à la compréhension de séquences linguistiques. On parle de *compétence discursive, narrative, textuelle, argumentale, rhétorique,* voire *encyclopédique* ou *idéologique.*

1. Pour une présentation des rapports entre la linguistique et les sciences sociales connexes, voir *Langage et communication sociale,* C. Bachmann, J. Lindenfeld et J. Simonin, Paris, Hatier, Crédif, 1981.

2. Cf. le n° 70, mai 1986, de *Langue française* préparé par M. Verdelhan-Bourgade, « Communication et enseignement ».

## II. — Méthodes en grammaire

Les questions méthodologiques que doit se poser le grammairien concernent essentiellement les conditions du recours à l'intuition et l'élaboration des tests[1].

1. **Le recours à l'intuition.** — Lorsqu'il a affaire à une langue inconnue, le descripteur a le choix entre deux méthodes : ou bien il interroge des sujets natifs, ou bien il élabore des procédures pour découvrir la structure de la langue à partir de l'examen d'un *corpus* (ensemble d'énoncés estimé représentatif). Quand il s'agit de sa propre langue ou d'une langue étrangère qu'il maîtrise bien, le choix est différent : étant lui-même un sujet parlant, il peut faire appel directement à son sentiment linguistique. C'est la procédure d'*introspection.* Enfin, quand il a affaire à une langue morte, qui exclut tout recours à un locuteur natif, il en est réduit à se forger une connaissance de la langue à partir des textes disponibles, connaissance qui lui tient lieu de compétence — avec les risques que cela comporte.

C'est dire que les grammairiens ont de tout temps largement recouru à l'intuition du sujet parlant.

Les structuralistes américains ont tenté de mettre sur pied des procédures de découverte pour mettre à jour les structures des langues inconnues qu'ils avaient à décrire. Dans certains cas, en effet, ils ne disposaient tout simplement pas d'informateurs ; mais surtout ces procédures, qui permettent de faire l'économie du recours à l'intuition, leur paraissaient garantir l'objectivité de leur démarche, en les préservant notamment de la tentation qui guette tout linguiste, de projeter les catégories de sa propre langue sur celle qu'il a à décrire. De telles procédures ont rarement été, de fait, utilisées pour la langue connue du descripteur car

1. Les questions de méthode ont été abordées notamment par M. Gross, 1975 *(op. cit.)*, et J.-C. Milner, 1978 (*De la syntaxe à l'interprétation*, Paris, Le Seuil) et 1989 *(op. cit.)*.

leur mise en application exige un temps considérable, dépense un peu vaine quand le linguiste connaît déjà la réponse à la plupart des questions que sont censées résoudre les dites procédures[1].

A) *Précautions.* — Faire appel à cette forme particulière de l'introspection qu'est le recours à l'intuition peut ne pas paraître très sérieux. N'est-ce pas s'exposer à l'arbitraire et à la subjectivité incontrôlée ? Dans la pratique, toutefois, l'appel à l'intuition ne se fait pas sans précautions. D'une part, le grammairien s'en tient rarement à un seul informateur. S'il est lui-même son propre informateur, il confronte ses jugements à ceux d'autres sujets parlants et rien ne lui interdit de procéder à des enquêtes. D'autre part, il soumet son jugement à réitération : celui-ci doit être le même à différents moments du temps. Ces deux conditions garantissent la *reproductibilité* des jugements intuitifs, *reproductibilité* qui, pour certains, fonde le caractère expérimental de la linguistique.

A ces précautions élémentaires s'en ajoutent d'autres, propres au type d'unités et aux domaines étudiés. Ainsi, pour les énoncés il est recommandé de faire varier l'ordre dans lequel on soumet les exemples à l'informateur, surtout s'il s'agit d'établir des contrastes entre degrés d'acceptabilité. On a vu plus haut que pour la distinction entre mots possibles et impossibles des précautions particulières devaient être prises, afin que n'interfère pas l'opposition attesté/non attesté. De même, en phonologie la pratique de la commutation doit faire l'objet d'un protocole, faute de quoi elle est inopératoire ou conduit à des conclusions erronées.

« Que l'expérience en linguistique soit dès lors accessible à tous — à la différence par exemple de ce qui a lieu en physique, où généralement un appareillage complexe est requis —, cela ne

1. Pour une critique de ces procédures, voir N. Ruwet, *Introduction à la grammaire générative,* Paris, Plon, 1967.

signifie pas pour autant qu'il ne doive y avoir aucun protocole expérimental [...] : des précautions sont nécessaires car, on le sait, il n'y a aucune raison de penser qu'un sujet se forme une représentation exacte de sa propre intuition. Il peut fort bien arriver au contraire qu'il croie pouvoir dire des phrases qu'en fait il ne produirait jamais, ou inversement [...]. Pour y parvenir il faut une forme d'exercice qui n'est pas sans rappeler une ascèse et qui réclame en tout cas une attention soutenue » (J.-C. Milner, 1978, p. 20-21).

B) *Les exemples.* — Les données observables en linguistique, on l'a vu, ce sont les énoncés ; le grammairien les considère comme des occurrences de phrases ; ce qui l'intéresse, c'est ce que les énoncés contiennent d'invariant. Intégrés dans son argumentation, ces énoncés prennent le statut d'exemples.

De tout temps les grammairiens ont utilisé deux types d'exemples : des exemples *attestés,* souvent empruntés aux textes littéraires, parfois à la conversation quotidienne, et des exemples *construits* — on dit aussi *inventés*[1]. Il a été dit et répété que l'étude d'un corpus au sens strict ne permet pas de décrire la grammaire d'une langue car un corpus n'est jamais suffisamment étendu pour qu'y soit présent l'ensemble des possibilités, si bien que l'absence d'une séquence peut être interprétée à tort comme le signe d'une impossibilité[2]. Le grammairien est donc dans l'obligation de recourir à des exemples construits, même si dans sa démonstration il ne fait valoir que des exemples attestés. Du reste, l'exercice du jugement d'acceptabilité exige par sa nature même le recours à des exemples non attestés puisqu'il s'agit de statuer sur des contrastes entre énoncés acceptables et énoncés inacceptables.

1. Certains utilisent les deux. C'était le cas de Damourette et Pichon *(op. cit.)*.
2. Voir par exemple M. Gross, 1975 *(op. cit.)*.

C'est la grammaire générative qui a mis — ou remis — à la mode l'usage de l'astérisque (la grammaire comparée l'utilisait mais pour signaler une forme reconstruite, *i.e.* hypothétique mais considérée comme plausible). L'absence d'astérisque dans les ouvrages de grammaire d'inspiration traditionnelle ne signifie pas que les exemples agrammaticaux ne soient pas pris en compte. Comme le remarque J.-C. Milner (1989, p. 114) : « Lorsqu'une grammaire énonce par exemple que la locution conjonctive **après que** est suivie de l'indicatif et illustre cette règle par des citations empruntées aux bons auteurs, elle marque du même coup d'un astérisque implicite tout exemple où **après que** est suivi du subjonctif. » Il est impossible de ne pas faire intervenir des exemples agrammaticaux quand on décrit une langue; il est donc impossible de ne pas utiliser d'exemples construits.

Par ailleurs, le grammairien se réservant la plupart du temps le droit de statuer sur les exemples attestés, même lorsqu'il les trouve sous la plume des bons auteurs, on voit que l'intuition est l'instance qui en dernier ressort contrôle les données, y compris quand le recours aux exemples attestés est irremplaçable, comme c'est le cas des mots étudiés par le morphologue à partir des listes de dictionnaires.

2. **Les tests.** — Une partie importante du travail du grammairien consiste à construire des tests permettant de mettre à jour des propriétés intéressantes des unités de la langue et éventuellement de dégager des régularités à propos de leur construction.

Ainsi le test de l'extraction fait apparaître une différence de structure entre les deux phrases (1) et (2) :

(1) Luc commet une agression contre Max.
(2) Luc raconte une agression contre Max.

En effet (1) donne lieu à deux extractions possibles :

(1*a*) C'est une agression contre Max que Luc commet.
(1*b*) C'est une agression que Luc commet contre Max.

et (2) une seule :

(2*a*) C'est une agression contre Max que raconte Luc.
(2*b*) *C'est une agression que raconte Luc contre Max[1].

Autre exemple : la structure des groupes nominaux en **de** sans déterminant devant le second nom : **Un kilo de pommes / un gâteau de pommes.** Une série de tests simples montre que derrière les ressemblances de surface se cachent d'importantes différences, cf. les exemples suivants :

Combien as-tu acheté de pommes ? — Un kilo / — *Un gâteau.
J'en ai acheté un kilo / *J'en ai acheté un gâteau.
Ces pommes font un kilo / *Ces pommes font un gâteau.
*J'ai acheté un kilo / J'ai acheté un gâteau.

Les tests judicieusement choisis permettent donc d'établir des propriétés sur la base desquelles les éléments peuvent être rangés en classes et des règles être éventuellement formulées.

## III. — Décrire et expliquer

Hormis ceux qui se bornent à définir la bonne manière de parler, et à défendre la pureté de la langue, les grammairiens ont tous pour objectif de *décrire* les faits, et d'en fournir — au moins de manière partielle — une *explication.*

S'ils sont d'accord sur ce double objectif, les grammairiens ne mettent pas tous le même contenu sous les mots **expliquer** et **décrire.** Ce contenu dépend du rôle

1. Exemples de G. Gross, « Les constructions nominales et l'élaboration d'un lexique-grammaire », in *Langue française,* 69, 1986, p. 13.

qu'ils s'attribuent dans la fixation de l'usage, des préoccupations pédagogiques qui sont ou non les leurs, et, crucialement, du cadre théorique auquel ils se réfèrent. Cependant, ils savent tous que la première tâche qui les attend est l'établissement correct des faits et qu'une telle tâche ne va pas de soi.

1. **L'établissement des faits.** — Il revient à la linguistique moderne — et c'est sans doute ce qui lui vaut véritablement le qualificatif de « scientifique » — d'avoir montré l'importance décisive de cette étape dans la réflexion grammaticale. Dans les langues naturelles, comme dans les autres domaines de la réalité physique et sociale, les faits ne sont nullement évidents. Ils ne se livrent pas d'eux-mêmes à l'observation superficielle et ne sont pas indépendants du point de vue de celui qui les observe. En dissipant l'illusion que le fait existe indépendamment de toute théorie et hors de tout point de vue, qu'il est simple et non problématique, la linguistique moderne a conduit le grammairien à réinterroger un certain nombre d'entre eux et surtout à en découvrir d'autres.

Ainsi, en ce qui concerne les pronoms, toute une série d'observations relatives à leur forme, à leur place et à leur fonctionnement, qui avaient en grande partie échappé à l'attention des grammairiens traditionnels, ont été effectuées par les grammairiens contemporains, au point de renouveler complètement l'approche de cette partie du discours[1]. Dans le domaine plus particulier de l'anaphore, la grammaire générative s'est illustrée par la découverte d'un ensemble important de contraintes qui a bouleversé

1. Cf. Benveniste *(op. cit.)*, J. Dubois, *Grammaire structurale du français : nom et pronom*, Paris, Larousse, 1965, R. Kayne, *Syntaxe du français*, Paris, Le Seuil, 1977 ; J. Pinchon, *Morphosyntaxe du français*, Paris, Hachette, 1986.

les conceptions classiques des liens d'antécédence. En ce qui concerne les déterminants, la théorie de Guillaume a mis en lumière l'existence de phénomènes liés à l'absence d'article qui avaient échappé à l'attention des grammairiens antérieurs. Les travaux contemporains sur ce qu'on appelle « l'article zéro » ne cessent de faire apparaître des faits inédits[1]. Chaque théorie se distingue par sa capacité à découvrir des faits qui étaient restés inaperçus et cela dans tous les domaines de la grammaire. Il n'est pas de sous-domaine qui ne se signale par des découvertes empiriques qui amènent les chercheurs à considérer sous un jour complètement neuf des pans entiers de la langue et à remettre en cause des descriptions antérieures.

Parce qu'ils partaient souvent de principes *a priori,* ceux des grammairiens traditionnels qui prétendaient ramener la diversité des observations à un petit nombre de règles, se sont généralement contentés de faits insuffisamment établis. Cette faiblesse s'explique aussi par le souci pédagogique qui fut souvent le leur. Peu ou prou, la plupart des grammairiens avaient en vue l'enseignement de leur discipline et songeaient aux difficultés des élèves. Il ne s'agissait pas de présenter à ces derniers des faits trop compliqués. Quant à ceux qui ne cherchaient qu'à décrire les combinaisons possibles, ils ont procédé à de nombreuses observations qui fournissent des données encore très utiles aux linguistes contemporains, notamment en puisant dans les textes littéraires, mais ils n'ont pas toujours effectué de mises en rapport nécessaires et se sont contentés de regroupements souvent superficiels. A partir du moment où le grammairien s'engage dans l'étude de la langue sans système explicatif tout fait d'avance et où

1. Cf. *Langages,* 101, juin 1991, « Absence de déterminant et article zéro ».

il est libéré de toute préoccupation pédagogique, l'approche change complètement[1]. Bien qu'il aborde les faits à partir d'un cadre théorique, condition nécessaire pour que ceux-ci apparaissent, il se trouve dans des conditions plus favorables à l'objectivité et moins propices à la réduction simplificatrice.

Prenant la mesure de la complexité des phénomènes à étudier, le grammairien moderne renonce à décrire d'emblée l'intégralité d'une langue naturelle. Il ne s'attaque même pas à un domaine entier, mais se contente d'un secteur d'un domaine souvent très limité. Seuls les grammairiens d'inspiration traditionnelle, on l'a vu, ou à vocation pédagogique, s'engagent dans l'élaboration de grammaires « complètes ». Ces entreprises ont leur légitimité mais leurs auteurs ne peuvent pas prétendre satisfaire à l'adéquation *descriptive* et *explicative* ni même *observationnelle* au même degré que ceux qui développent une approche problématisante.

2. **L'explication en grammaire.** — Comme dans les autres disciplines scientifiques, l'*explication* en grammaire a un caractère tout relatif. D'abord, elle dépend du cadre théorique de référence et des exigences définies dans ce cadre. Deux types de problématiques se distinguent de ce point de vue : celles qui se fondent

1. Ce qui ne veut pas dire que la pratique pédagogique ne puisse être d'un grand profit pour le théoricien, comme en témoigne la recherche de Tesnière. Distinguée de la description de la langue, la pédagogie retient l'attention de nombreux linguistes. A preuve, le nombre de numéros que la revue *Langue française,* fondée en 1969, a consacrés à cette question. Voir aussi H. Huot, *Enseignement du français et linguistique,* Paris, A. Colin, 1981. Pour une histoire des relations entre grammaire et enseignement, voir A. Chervel, *... et il fallut apprendre à écrire à tous les petits Français. Histoire de la grammaire scolaire,* Paris, Payot, 1977, et S. Delesalle et J.-C. Chevalier, *La linguistique, la grammaire et l'école,* Paris, A. Colin, 1986. Sur le problème plus général de l'enseignement du français, on pourra se reporter à J.-F. Halté, *La didactique du français,* PUF, « Que sais-je ? », 1992.

sur la reconnaissance d'une seule instance comme source d'explication, que cette instance soit homogène ou non. C'est ainsi que pour la grammaire traditionnelle centrée sur le bon usage, l'instance explicative est soit l'usage lui-même, soit l'évolution historique, soit une sorte de psychologie du bon sens. Le deuxième type de problématique se caractérise par la reconnaissance d'une double instance : un premier niveau explicatif, qui est celui où sont dégagées les régularités, est rapporté à une seconde instance d'explication : il peut s'agir des lois qui gouvernent le fonctionnement de l'esprit humain (grammaire générale), ou des principes de la « grammaire universelle » (grammaire générative), ou des mécanismes profonds de la pensée humaine (théorie guillaumienne). Les grammaires structuralistes d'obédience saussurienne se rattachent plutôt au premier type : le principe explicatif ultime consiste dans l'économie du système lui-même (avec des variantes possibles, par exemple fonctionnaliste). Toutes les théories, cependant, ne peuvent être ramenées de manière simple à ces deux types. Certains linguistes adoptent des positions parfois peu claires de ce point de vue ou bien se retranchent dans une prudente expectative. Ces différents choix sont évidemment à mettre en rapport avec les options philosophiques et épistémologiques.

Quoi qu'il en soit, celui qui s'attache à décrire une langue s'aperçoit assez vite que la découverte de principes unificateurs, en quoi consiste le passage de la *description* à l'*explication* — du moins au niveau d'explication où se dégagent les régularités —, est un phénomène lui aussi très relatif. Le domaine d'application des règles s'étend au fur et à mesure qu'avance la mise en relation de faits nouveaux et cette extension, qui détermine la portée explicative, est en corrélation étroite avec un mouvement d'approfondissement et d'abstraction. Une règle est d'autant plus explicative qu'elle réunit et rassemble des faits plus nombreux, en apparence plus éloignés et plus dissemblables. L'*explication* suppose l'éloignement de la surface. Ainsi, la mise à jour du principe qui régit le déplacement des mots à base **-qu** (pronoms interrogatifs et relatifs, conjonction **que**) de leur position fonctionnelle en position frontale (« principe de montée ») exige qu'on s'éloigne toujours plus des faits de surface : l'élément **-qu** se déplace dans les mêmes conditions — facultativement ou obligatoirement — dans des cas aussi variés que l'interrogation directe, la relative, l'interrogation indirecte, et les phrases à présentatif **(De qui aimes-tu la fille ? / *De qui t'intéresses-tu à la fille ? / Marie de qui tu aimes la fille / *Marie de qui tu t'intéresses à la fille / Je te demande de qui tu aimes la fille / *Je te demande de qui tu t'intéresses à la fille / C'est de Marie que tu aimes la fille / *C'est de Marie que tu t'intéresses à la fille)**[1].

L'*explication* s'approfondit en grammaire au fur et à mesure que l'on rend compte de faits isolés et qu'on intègre ce qui paraissait constituer de prime abord des exceptions. Cela ne veut pas dire, bien sûr, que toutes les exceptions soient intégrables dans des règles[2].

## IV. — Quelques problèmes en grammaire du français

Pour montrer le changement de perspective dans la description des faits de langue et pour illustrer de manière concrète certains aspects des questions théoriques et méthodologiques qui viennent d'être abordées,

1. Cf. A. Delaveau et F. Kerleroux, *Problèmes et exercices de syntaxe française,* Paris, A. Colin, 1985.

2. Voir A. Zribi-Hertz, « La démarche explicative en grammaire générative : autour du concept de transformation », in *Langue française,* 46, mai 1980, p. 22-61.

on examinera brièvement, pour finir, quelques problèmes de la grammaire du français, qui bien qu'arbitrairement choisis parmi la multitude de ceux qu'a à résoudre le grammairien contemporain, permettent de comprendre le point de vue qui est le sien.

1. **L'ordre des mots.** — On a déjà rappelé qu'en français les relations syntaxiques se marquent presque exclusivement par l'ordre des mots. Depuis la disparition des déclinaisons, la langue tend à privilégier un ordre canonique qui permet d'identifier la fonction des arguments par leur place respective. C'est le fameux ordre S-V-O (sujet-verbe-complément). Deux ensembles de faits semblent toutefois contredire cette tendance : l'inversion et les constructions disloquées.

A) *L'inversion.* — Les grammaires traditionnelles font état de l'inversion du sujet comme d'un phénomène homogène ; la plupart l'étudient dans le chapitre consacré à l'interrogation. Cette présentation des faits ne résiste pas à un examen attentif.

Il convient d'abord de remarquer que les conditions d'emploi de l'inversion du sujet varient selon la nature de celui-ci. Ainsi, dans une interrogation totale (réponse par **oui** ou **non**), si le sujet est un SN, l'inversion (qui était possible en ancien français) est exclue : ***Vient Marie ?** Est autorisée l'inversion du pronom sujet clitique : **Vient-elle ?** Dans ce même contexte on rencontre également une autre construction, que certains appellent *inversion complexe* ou *inversion à redoublement* : **Marie vient-elle ?** Mais à s'en tenir aux faits de surface, il n'y a pas lieu de parler ici d'*inversion* : le SN reste bien à gauche du verbe : l'ordre S-V-O, en réalité, est bel et bien conservé ; et comme un verbe ne peut avoir deux sujets, le pronom situé à droite n'assume dans ce cas aucune fonction. En français il n' y donc pas *une* inversion, mais *deux* : l'inversion du SN et l'inversion du pronom ; quant à la construction à redoublement qui affecte le SN, ce n'est pas une inversion (si du moins on s'en tient à la surface). Cependant on observe que cette construction connaît à peu près la même distribution que l'inversion du pronom clitique : on les trouve dans les questions directes totales et partielles ; elles sont exclues l'une et l'autre des questions indirectes. Une seule différence : l'inversion du pronom est obligatoire après **que (Que dit-elle ?)** alors que la construction à redoublement est exclue **(*Que Marie veut-elle ?)** à cause du statut clitique de **que.** Hors des interrogations directes, les deux constructions sont d'un emploi limité : on les rencontre après certains adverbes antéposés (**peut-être, aussi,** etc.). Une seule propriété distributionnelle les distingue : l'inversion pronominale est possible dans une incise : **« Pars, dit-elle »** mais pas la construction à redoublement : ***« Pars, Marie dit-elle ».**

Ces deux constructions semblent donc fonctionner pour l'essentiel comme des marques de la modalité interrogative[1]. Pour expliquer cette similitude distributionnelle, on a proposé, entre autres, l'hypothèse suivante : en structure profonde, tout SN serait suivi d'un pronom clitique qui subit l'inversion dans les mêmes contextes que le pronom sujet non précédé de SN. On notera qu'une telle hypothèse rend compte des constructions à dislocation **(Pierre, il est venu),** ce qui ne veut pas dire que la transformation qui déplace le pronom soit la même dans les deux cas.

1. Plus exactement, comme le notent A. Delaveau et F. Kerleroux (*op. cit.*, p. 119), « cette inversion semble liée à une interprétation non assertive », les adverbes ayant pour effet de « restreindre ou d'atténuer la force assertive de l'ensemble » de la phrase et les incises « ne portant pas le poids assertif » de la phrase dans laquelle est insérée l'inversion pronominale.

L'inversion nominale, elle, n'apparaît pas, on l'a vu, dans les questions totales et dans les questions partielles ; elle connaît de nombreuses limitations : elle est exclue lorsque le verbe est transitif **(*Quand a acheté Marie cette robe ? / *Quand a acheté cette robe Marie ?)** et dans les phrases à attribut : **(*Quand est devenue professeur Marie ? / *Quand est devenue Marie professeur ?)** Seule la longueur du sujet améliore l'acceptabilité de la phrase dans certains cas : **Quand est devenue professeur cette jeune fille que j'ai bien connue au lycée ?** D'où l'appellation de *stylistique* qui lui est parfois donnée. Par ailleurs, l'inversion nominale est possible dans les interrogatives indirectes partielles **(Marie se demande à qui parle Pierre).** Or les interrogations indirectes (totales ou partielles) ne relèvent pas de la modalité interrogative : sauf lorsque le verbe introducteur est un verbe performatif à la première personne du singulier **(je te demande),** les interrogatives indirectes ne posent aucune question. Comme de surcroît l'inversion nominale se rencontre dans les relatives **(l'homme qu'aime Marie),** on peut penser que sa présence dans l'interrogation indirecte est une conséquence de la subordination. Plus généralement, tout se passe comme si c'était le déplacement du mot **qu-** en tête de proposition qui déclenchait l'inversion nominale à titre facultatif (sauf après **que** interrogatif). On notera aussi qu'après la locution **est-ce que,** dont la présence a en principe pour effet de bloquer toute inversion, l'inversion nominale n'est pas exclue lorsqu'intervient un mot interrogatif **(A qui est-ce que parle Marie ?).** Enfin l'inversion nominale se rencontre en incise **(« Pars, dit Marie »)** et après nombre de termes antéposés : non seulement après des adverbes, mais aussi après des circonstanciels **(Dans cette maison vivait un couple de paysans)** ou après un attribut **(« Triste, triste était mon âme... »),** souvent avec effet stylistique. On voit que, contrairement à l'inversion pronominale et à l' « inversion complexe », l'inversion nominale ne peut être considérée comme une marque de la modalité interrogative. Il s'agit d'un phénomène très différent, qui semble déclenché par la présence d'un mot antéposé (élément **qu-** ou complément au sens large) et qui n'a rien à voir, en français moderne, avec la modalité interrogative en tant que telle.

L'inversion du sujet recouvre donc un ensemble de faits beaucoup plus complexe que ne le donne à croire l'approche grammaticale traditionnelle. La présentation qui vient d'être faite, très incomplète, montre l'importance décisive de la phase observationnelle au cours de laquelle sont établis les faits, la fécondité d'une analyse exhaustive des conditions d'emploi et l'intérêt explicatif d'une hypothèse stipulant un niveau abstrait. Une plus juste approche des liens qui unissent ordre des mots et modalité en résulte, ainsi qu'une unification de la description des structures comportant la présence d'un mot **qu-**.

B) *La thématisation.* — La distinction entre *thème* (*topic*) et *propos* (ou *rhème* ou *comment*) donne lieu en français à toutes sortes de constructions souvent ignorées ou méconnues des grammaires traditionnelles. Une de ces constructions consiste à rejeter un terme nominal hors du noyau propositionnel — avant ou après — et à le « reprendre » à l'intérieur du noyau par un pronom **(Marie, elle est venue/Elle est venue, Marie/Marie, je l'ai vue/Je l'ai vue Marie).** Ces constructions, qui relèvent, selon Grevisse, de la « redondance expressive », sont souvent qualifiées d' « illogiques » (*Le bon usage,* 12e éd., § 367) car elles semblent perturber gratuitement l'ordre canonique. En vérité, l'ordre S-V-O est parfaitement respecté à l'intérieur du noyau propositionnel et ce sont les pronoms de reprise qui sont respectivement sujet et complément. Quant aux SN hors noyau, ils n'assument aucune fonction syntaxique : ce sont les *thèmes.*

Par ailleurs, ces constructions, dont la prise en compte est nécessaire à l'adéquation observationnelle d'une grammaire (elles font partie de la langue standard, même si elles sont plus fréquentes à l'oral qu'à l'écrit, du moins dans l'usage moderne), présentent également de l'intérêt pour l'adéquation descriptive et explicative. C'est ainsi que J.-C. Milner, à la suite d'observations faites par M. Gross (1968, *op. cit.*), a montré que les constructions disloquées en **en (J'en ai vu un, d'enfant),** qualifiées de « très familières » par

Grevisse, confirment une hypothèse intéressante sur la structure des déterminants indéfinis. Cette hypothèse consiste à poser en structure profonde un élément de quantité éventuellement nul représenté par ∅, dénué de réalisation phonétique et un morphème **de.** Ce morphème donne lieu, dans le cas de la pronominalisation simple au pronom **en,** et dans le cas des constructions disloquées il apparaît de surcroît en tant que tel. D'où les alternances :

J'ai vu un enfant / J'en ai vu un / J'en ai vu un, d'enfant.
J'ai vu des enfants / J'en ai vu ∅ / J'en ai vu ∅, des enfants *vs* *J'en ai vu des, d'enfants.
J'ai bu du lait / J'en ai bu ∅ / J'en ai bu ∅, du lait *vs* *J'en ai bu du, de lait.

Ce **de** apparaît aussi avec la négation **(Je n'ai pas bu de lait / Je n'ai pas vu d'enfant)** et avec les adjectifs antéposés **(J'ai vu de beaux enfants).** Toute une série de faits se trouve ainsi « justifiée ».

2. **Les relations anaphoriques.** — L'étude des relations qui unissent un terme de reprise et son antécédent retient l'attention des linguistes depuis plusieurs années. On se contentera, pour donner une idée de la complexité de la question, qui avait largement échappé à l'observation des grammairiens traditionnels, d'esquisser un classement des différents types de relations anaphoriques.

Le terme de reprise peut être un nom ou un terme nominal (nom ou groupe nominal).

A) *L'anaphore pronominale.* — Parmi les pronoms personnels, seul celui de troisième personne est anaphorique (comme l'a montré Benveniste, **je** et **tu** ne sont pas des substituts). L'antécédent fait partie du contexte linguistique **(Pierre est arrivé ; il m'a semblé fatigué)** ou de la situation (cf. **Il arrive,** dit à propos de

Pierre[1]). **Il** connaît par ailleurs un emploi *déictique, i.e.* il peut désigner un objet présent dans la situation d'énonciation : on peut s'adresser à quelqu'un en lui disant à propos d'un tiers : **« Comme il est désagréable aujourd'hui ! »**

Plusieurs types d'emplois anaphoriques sont habituellement distingués :

— L'anaphore *complète* : **Marie s'est couchée ; elle était fatiguée. Marie dit qu'elle est fatiguée ;** dans certains types de constructions subordonnées peut apparaître la cataphore : **Quand elle est rentrée, Marie s'est couchée**[2].

— L'anaphore *incomplète* ou *conceptuelle* (le pronom ne « reprend » que le N et non pas le SN) qui, selon le choix du verbe et du déterminant, peut donner lieu à des interprétations variées : **J'ai acheté trois livres et j'en ai déjà lu deux. J'ai acheté trois livres et toi tu en as emprunté quatre. J'ai acheté trois livres et j'en ai perdu deux.**

Parmi les cas d'anaphore *divergente,* on relève :

— l'anaphore *collective* : *a)* **A Lille, ils mangent des frites tout le temps (ils** est mis pour **les gens)** ;
— l'anaphore *générique* : *b)* **Paul a acheté une Toyota car elles sont plus robustes** (exemple de G. Kleiber, 1991, *op. cit.,* p. 7) ;
— l'anaphore à *référence disjointe* : *c)* **On a rasé la chevelure de Samson mais elle a repoussé** (exemple de J.-C. Milner, 1982, *op. cit.,* p. 34) ;
— l'anaphore *métonymique* : *d)* **George Sand est sur l'étagère de gauche. Tu verras qu'elle écrit divinement** (exemple de G. Fauconnier, *Espaces mentaux,* Paris, Ed. de Minuit, 1984).

1. Exemple inspiré de G. Kleiber, « Anaphore-Deixis », *L'information grammaticale,* 51, 1991, p. 8.

2. Ce type d'anaphore est surtout étudié dans le cadre de la grammaire générative (version « modulaire »). Voir les textes de N. Chomsky (1981) déjà cités et M. Ronat et D. Couquaux, *La grammaire modulaire,* Paris, Ed. de Minuit, 1986.

Comme celui qui illustre l'anaphore *collective*, l'exemple *b)* repose en fait sur un emploi « abusif » : **elles** est mis pour **les voitures de cette marque.** Il en va de même pour le nom propre **George Sand** en *d)*, qui est évidemment mis pour **le** ou **les livres de George Sand.** Quant à l'anaphore illustrée par *c)*, elle n'est isolée que sur la base d'une confusion entre objet réel et référent visé : **elle** reprend **la chevelure de Samson** indépendamment du prédicat.

De ce type d'anaphore interphrastique, il faut distinguer les relations entre SN thématisé et pronom qui se rencontrent dans les constructions disloquées évoquées plus haut. Ces constructions connaissent une alternance **ce/il** dont le principe n'est pas facile à analyser : **(Paul est gentil/*Paul c'est gentil. Paul, c'est un journaliste/ *Paul, il est un journaliste)**[1].

B) *L'anaphore nominale.* — En ce qui concerne l'anaphore nominale, il importe d'abord de préciser que parmi les articles, seul le défini peut fonctionner comme terme de reprise. La séquence UN N... UN N donne lieu à ce qu'on appelle la « disjonction référentielle » car **un** introduit toujours un référent nouveau. Parmi les définis, il convient de plus de faire un sort particulier au possessif, dont l'emploi met en jeu des relations sémantiques très variées selon le sens du nom en cause. S'agissant de **ce** et de **le,** on séparera les cas d'*anaphore fidèle* (le N est le même dans les deux SN) des cas d'*anaphore non fidèle.* En *anaphore fidèle* les occurrences de **le** sont en réalité très limitées, sauf intention stylistique (**anaphore** prend alors son sens rhétorique). **Le** s'emploie le plus souvent après un antécédent double **(Une femme et un homme sont arrivées. La femme...).** Le démonstratif est requis

1. Cf. G. Kleiber, « Sur la sémantique des descriptions démonstratives », in *Linguisticae Investigationes,* VIII, 1, 1984, p. 63-85.

dans la plupart des autres cas **(Un homme est arrivé. Cet homme...** *vs* ***Un homme est arrivé. L'homme...)** et mieux encore le pronom **(Un homme est arrivé. Il...).** En *anaphore non fidèle* on distingue généralement :

— l'anaphore *associative* qui repose sur les relations partie/tout **(La maison est très endommagée. Le toit a brûlé récemment)** ;
— l'anaphore *par condensation* **(Paul s'est cassé la jambe au ski. L'accident aurait pu être plus grave)** ;
— l'anaphore dite *présuppositionnelle* **(Paul est venu nous voir hier. Le champion était en pleine forme).** L'interprétation coréférentielle présuppose que **Paul** et **le champion** désignent le même individu ;
— l'anaphore *hyperonymique* **(Il a rencontré une infirmière. La jeune fille lui a proposé un rendez-vous).** L'interprétation coréférentielle se fonde sur l'inclusion des objets désignés par le premier N dans la classe de ceux que désignent le second.

**Ce** donne également lieu — dans des conditions qui restent à préciser — à l'anaphore par *condensation* **(Paul s'est cassé la jambe au ski. Cet accident l'a dégoûté des sports d'hiver),** à l'anaphore *présuppositionnelle* **(Paul est venu nous voir hier. Ce champion de tennis est vraiment sympathique)** et à l'anaphore *hyperonymique* **(Paul a rencontré la directrice. Cette créature du Ministère a été très désagréable),** mais pas à l'anaphore *associative* **(*La maison est très endommagée. Ce toit a brûlé récemment).**

On observera que contrairement au pronom, qui ne peut prendre de référence — sauf emploi déictique — que par l'intermédiaire du SN antécédent, le SN défini de reprise peut toujours viser un objet indépendamment de son antécédent. C'est pourquoi le terme de *coréférence* n'est vraiment approprié qu'aux cas où un même objet est visé par deux SN.

3. **Les propositions relatives.** — A la suite de la *Logique* de Port-Royal, les grammairiens distinguent volontiers deux types de relatives : les relatives *appositives* ou *explicatives* et les relatives *déterminatives* ou *restrictives*[1]. Les premières, qui correspondent à une prédication supplémentaire **(Pierre, qui était fatigué, est allé se coucher),** apparaissent en position détachée, d'où leur caractère facultatif : la phrase ne change pas de valeur de vérité si l'on supprime la relative ; les relatives *déterminatives* ou *restrictives* ont, elles, un comportement qui se rapproche plutôt de celui des adjectifs épithètes **(L'enfant qui donnera la réponse aura un bon point).** Alors que les premières entrent dans un rapport de coordination logique avec la proposition principale (« Pierre était fatigué et il est allé se coucher »), ce n'est pas le cas des secondes, d'où l'impossibilité de les supprimer sans que soit mise en péril la valeur de vérité de la phrase, et parfois sa grammaticalité.

Dans quelle mesure la nature de l'antécédent détermine-t-elle l'interprétation de la relative ? Cette question, que ne se posaient pas les grammairiens traditionnels, a donné lieu à une abondante littérature et le débat n'est pas clos.

Tout le monde s'accorde généralement pour dire que lorsque l'antécédent est un nom propre, la relative est *appositive.* La raison en est simple : les noms propres n'ayant pas de sens, il est inutile de les « enrichir » ; inutile aussi, puisqu'ils réfèrent « d'eux-mêmes », de leur adjoindre un élément identifiant.

Lorsque le déterminant est un possessif ou un démonstratif, la relative est également *appositive* : la position « épithète » est déjà remplie, puisque le CE N équivaut à « Le N que voici » ou « Le N

1. Il existe d'autres types de relatives ; exemple : **Je le vois qui arrive** (relative attribut).

dont il a été question » et que MON N signifie « le N de moi »[1].

C'est avec l'article défini que les deux interprétations sont possibles et que l'on observe des cas d'ambiguïté (hors contexte, et pour autant qu'on néglige l'intonation). Le prédicat de la relative, de quoi dépend l'interprétation référentielle de l'antécédent (générique ou non), joue évidemment un rôle important dans la construction des interprétations, cf :

**Les hommes qui sont pieux sont charitables** = « Ceux des hommes qui sont pieux sont charitables » ou bien, avec deux pauses, « Les hommes sont pieux et ils sont charitables. »[2]

**Les enfants qui sont fatigués sont allés se coucher** = « Ceux des enfants qui sont fatigués sont allés se coucher », ou, avec deux pauses « Les enfants (identifiés par ailleurs), sont fatigués et ils sont allés se coucher. »

**L'enfant qui était fatigué s'est endormi** = « L'enfant dont il est question est celui qui s'est endormi » ou « L'enfant (identifié par ailleurs) était fatigué et il s'est endormi. »

Plus délicate est la situation créée par l'emploi du déterminant indéfini. Les positions sur ce point sont divergentes. Certains considèrent que la relative est toujours *déterminative,* d'autres, au contraire, qu'elle est toujours *explicative*; d'autres encore qu'elle est tantôt *déterminative,* tantôt *explicative,* d'autres enfin que l'opposition n'a pas de pertinence. En fait, si l'on s'en tient fermement aux critères de la coordination et de la suppression, on peut soutenir que la relative est *appositive,* ce qui, dans la plupart des cas, n'a rien de surprenant puisque le référent d'un GN indéfini n'a pas à être identifié. Restent deux difficultés : la référence

1. Il arrive que la relative s'interprète comme déterminative (**Paul a rencontré cet homme qui lui avait parlé l'autre jour**) : il faut voir dans ces occurrences le résultat d'une sorte de condensation : « Paul a rencontré l'homme que voici (ou dont il a été question) et cet homme, Paul lui a parlé l'autre jour. »

2. Pour les auteurs (jansénistes) de *La Logique de Port-Royal,* cet énoncé n'a qu'une interprétation, la première, bien sûr.

générique **(Un homme qui fait le mal agit par ignorance)** et la suspension d'existence **(Je cherche un livre qui décrive les kiosques à musique).** Seule une théorie élaborée de la référence indéfinie peut montrer qu'il ne s'agit pas d'exceptions.

On voit que, malgré une certaine unité de fonctionnement morphosyntaxique, les relations sémantico-logiques et syntaxiques profondes sont bien différentes entre relatif et antécédent selon qu'on a affaire à une *déterminative* ou à une *appositive.* Seule la relative *déterminative* fait partie du GN ; la relative *appositive* s'y « rapporte » seulement. Et le pronom relatif ne fonctionne comme un véritable anaphorique, c'est-à-dire comme un terme reprenant un antécédent référentiellement autonome, que lorsque la relative est *appositive.* Ce n'est pas le cas lorsqu'il s'agit d'une *déterminative.* La subordination de surface recouvre des relations fondamentalement différentes.

Même si l'on restreint la grammaire à la syntaxe et à la sémantique, les quelques problèmes qui viennent d'être évoqués ne donnent qu'une faible idée de la complexité et de l'étendue de la matière à traiter par le grammairien. Ils permettent toutefois de mesurer la différence d'approche entre les tentatives de description qui s'inscrivent dans une problématique traditionnelle, « pré-linguistique », pourrait-on dire, et celles qui sont marquées par la réflexion théorique et méthodologique développée par les syntacticiens modernes.

# CONCLUSION

Le grammairien a besoin d'une théorie pour décrire la langue. Mais laquelle choisir ? La décision n'est pas aisée, d'une part en raison du nombre des théories en présence, d'autre part à cause de leur complexité. Et le choix est rendu, au fil des ans, plus redoutable à cause du développement croissant du formalisme et du caractère de plus en plus hermétique des métalangages. Qui plus est, les théories sont souvent difficiles à comparer entre elles.

On peut s'étonner de cette situation. Il n'y a pourtant là rien de très surprenant. C'est qu'il n'existe pas, en linguistique, d'expérience irréfutable, qui permette que se réalise un consensus. C'est le lot des sciences humaines, par opposition aux sciences dures, encore que celles-ci n'ignorent pas non plus la concurrence des théories et les rivalités d'école. Et puis, la linguistique étant une science encore jeune, nul ne dispose de la distance nécessaire pour saisir les convergences profondes et les antagonismes irréductibles.

Choix malaisé donc ; d'autant que le grammairien peut se laisser décourager par les querelles de chapelles, très vives entre linguistes. Sa décision risque de ne pas être prise sur des bases entièrement rationnelles. Il faut accepter cette part inévitable de contingence, et ne pas la perdre de vue. Mais le grammairien doit aussi « compter sur ses propres forces ». C'est au contact de la réalité linguistique, éclairée bien sûr par la théorie, qu'il découvre peu à peu la structure de la langue. C'est en se colletant aux faits, si souvent déroutants, qu'il met à l'épreuve les concepts, qu'il teste la validité d'un principe et qu'il peut aussi modifier localement une théorie, proposer des aménagements, voire la mettre en cause ou suggérer des solutions concurrentes.

Et s'il est déconcerté par le foisonnement des modèles contradictoires ou peu compatibles, qu'il considère les progrès spectaculaires des études grammaticales réalisés au cours de ces dernières années. Le champ d'investigation est désormais mieux délimité, les questions non pertinentes écartées, les voies à suivre plus clairement tracées. Des pans entiers de la structure des langues font d'ores et déjà l'objet de descriptions approfondies, dont la validité est bien établie.

Malgré un lourd passé et malgré la concurrence de la linguistique, mais aussi sans doute grâce à ce pesant héritage et à la remise en cause à laquelle elle a été contrainte, la grammaire aujourd'hui est une discipline vivante, en plein essor, nullement dépassée; plus que jamais s'y applique — nous espérons l'avoir montré — l'antique formule de Quintilien, *Plus habet in recessu quam in fronte promittit,* que Du Marsais traduisait en ces termes : « La grammaire au fond est bien-au dessus de ce qu'elle paraît être d'abord. »

# BIBLIOGRAPHIE


A. Arnauld et C. Lancelot, *Grammaire générale et raisonnée,* 1660 ; republications Paulet, Paris, 1969.

M. Arrivé, F. Gadet, M. Galmiche, *La grammaire d'aujourd'hui,* Paris, Flammarion, 1986.

C. Bally, *Linguistique générale et linguistique française,* 1932 ; 4e éd., Berne, Francke, 1965.

N. Beauzée, *Grammaire générale,* 1767 ; réimpression en fac-similé, Stuttgart, Frommann Verlag, 1974.

E. Benveniste, *Problèmes de linguistique générale,* Paris, Gallimard, vol. I, 1966, vol. 2, 1973.

L. Bloomfield, *Le langage,* 1933 ; trad. franç., Paris, Payot, 1970.

F. Brunot, *La pensée et la langue,* 1922 ; 3e éd., Paris, Masson, 1965.

N. Chomsky, *Some Concepts and Consequences of the Theory of Government and Binding,* 1982 ; trad. franç. *La nouvelle syntaxe,* Paris, Le Seuil, 1987.

A. Culioli, *Pour une linguistique de l'énonciation,* Paris, Ophrys, 1990.

J. Damourette et E. Pinchon, *Des mots à la pensée. Essai de grammaire française,* Paris, D'Artrey, 1911-1950 (7 vol.).

O. Ducrot, *Dire et ne pas dire,* Paris, Hermann, 1972.

M. Grevisse, *Le bon usage,* 1936 ; 12e éd., Gembloux, Duculot, 1986.

M. Gross, *Méthodes en syntaxe,* Paris, Hermann, 1975.

G. Guillaume, *Langage et science du langage,* Paris, Nizet, 1973.

R. Jakobson, *Essais de linguistique générale,* Paris, Ed. de Minuit, t. 1, 1963, t. 2, 1973.

R. Kayne, *Syntaxe du français,* 1975 ; trad. franç., Paris, Le Seuil, 1977.

B. Malmberg, *Histoire de la linguistique,* Paris, PUF, 1991.

A. Martinet, *Eléments de linguistique générale,* Paris, Armand Colin, 1965.

J.-C. Milner, *Introduction à une science du langage,* Paris, Le Seuil, 1989.

G. Moignet, *Systématique de la langue française,* Paris, Klincksieck, 1981.

Kr. Nyrop, *Grammaire historique du français* (6 vol.), Paris (1899-1930).

B. Pottier, *Théorie et analyse en linguistique,* Paris, Hachette, 1987.

N. Ruwet, *Théorie syntaxique et syntaxe du français,* Paris, Le Seuil, 1972.

K. Sandfeld, *Syntaxe du français contemporain (1928-1943)* ; rééd., t. 1, Paris, Champion, t. 2 et 3, Genève, Droz.

E. Sapir, *Le langage,* 1921 ; trad. franç., Paris, Payot.

F. de Saussure, *Cours de linguistique générale,* 1915 ; Paris, Payot, 1969.

L. Tesnière, *Eléments de syntaxe structurale,* Paris, Klincksieck, 1959.

K. Togeby, *Grammaire française,* 5 vol. (1982-1985), Copenhague, Akademisk Forlag.

# TABLE DES MATIÈRES

Imprimé en France
Imprimerie des Presses Universitaires de France
73, avenue Ronsard, 41100 Vendôme
Septembre 1993 — N° 39 526